Der Weg zur Smart-Work-Experience

Daniel Mühlbauer

# Der Weg zur Smart-Work-Experience

Die Zukunft der Arbeit zwischen HR-Tech und HR-Touch – 43 inspirierende Use Cases

Daniel Mühlbauer
Olching, Deutschland

ISBN 978-3-662-67340-9    ISBN 978-3-662-67341-6  (eBook)
https://doi.org/10.1007/978-3-662-67341-6

Die Deutsche Nationalbibliothek verzeichnet diese Publikation in der Deutschen Nationalbibliografie; detaillierte bibliografische Daten sind im Internet über http://dnb.d-nb.de abrufbar.

© Der/die Herausgeber bzw. der/die Autor(en), exklusiv lizenziert an Springer-Verlag GmbH, DE, ein Teil von Springer Nature 2023

Das Werk einschließlich aller seiner Teile ist urheberrechtlich geschützt. Jede Verwertung, die nicht ausdrücklich vom Urheberrechtsgesetz zugelassen ist, bedarf der vorherigen Zustimmung des Verlags. Das gilt insbesondere für Vervielfältigungen, Bearbeitungen, Übersetzungen, Mikroverfilmungen und die Einspeicherung und Verarbeitung in elektronischen Systemen.
Die Wiedergabe von allgemein beschreibenden Bezeichnungen, Marken, Unternehmensnamen etc. in diesem Werk bedeutet nicht, dass diese frei durch jedermann benutzt werden dürfen. Die Berechtigung zur Benutzung unterliegt, auch ohne gesonderten Hinweis hierzu, den Regeln des Markenrechts. Die Rechte des jeweiligen Zeicheninhabers sind zu beachten.
Der Verlag, die Autoren und die Herausgeber gehen davon aus, dass die Angaben und Informationen in diesem Werk zum Zeitpunkt der Veröffentlichung vollständig und korrekt sind. Weder der Verlag noch die Autoren oder die Herausgeber übernehmen, ausdrücklich oder implizit, Gewähr für den Inhalt des Werkes, etwaige Fehler oder Äußerungen. Der Verlag bleibt im Hinblick auf geografische Zuordnungen und Gebietsbezeichnungen in veröffentlichten Karten und Institutionsadressen neutral.

Planung/Lektorat: Mareike Teichmann
Springer Gabler ist ein Imprint der eingetragenen Gesellschaft Springer-Verlag GmbH, DE und ist ein Teil von Springer Nature.
Die Anschrift der Gesellschaft ist: Heidelberger Platz 3, 14197 Berlin, Germany

# Inhaltsverzeichnis

| | | |
|---|---|---|
| 1 | **Arbeitswelt im technologischen Wandel** | 1 |
| 2 | **Kernelemente der Arbeitswelt der Zukunft** | 7 |
| | 2.1 Intelligente Maschinen: Technologische Aspekte zukünftiger Arbeit | 10 |
| |     2.1.1 Automatisierung | 14 |
| |     2.1.2 Analytics | 21 |
| | 2.2 Plattform-basierte Ökosysteme: Netzwerkaspekte der zukünftigen Arbeit | 27 |
| |     2.2.1 Die Business-Modelle hinter der Plattform-Ökonomie | 32 |
| |     2.2.2 Plattform-Implikationen für das HR und Arbeiten der Zukunft | 35 |
| | 2.3 Die Crowd: Kooperative Aspekte zukünftiger Arbeit | 37 |
| |     2.3.1 Ability – Nicht automatisierbare Fähigkeiten | 38 |
| |     2.3.2 Motivation – Erfüllung durch funktionierende Teamarbeit | 41 |
| |     2.3.3 Opportunity – Menschlicher Eigeninitiative Raum geben | 42 |

## 3 Smart-Work-Experience – Orientierungsrahmen und Anwendungsbeispiele ... 45
- 3.1 Gestaltungsprinzipien der Smart-Work-Experience ... 46
  - 3.1.1 Einfachheit priorisieren! ... 46
  - 3.1.2 Prozessintegrität herstellen! ... 47
  - 3.1.3 Humane Momente definieren! ... 48
  - 3.1.4 Maschinelle Momente definieren! ... 49
  - 3.1.5 Personalisierung gestalten! ... 50
  - 3.1.6 Daten sammeln und lernen! ... 51
  - 3.1.7 Ethische Grenzen vorab definieren! ... 52
- 3.2 Anwendungsbeispiele für eine Smart-Work-Experience ... 52
  - 3.2.1 Mensch-Maschine-Kooperation in der Talentakquise ... 53
  - 3.2.2 Mensch-Maschine-Kooperation in der Talententwicklung ... 69
  - 3.2.3 Mensch-Maschine-Kooperation in der Talentbindung ... 81
- 3.3 Abschließender Ausblick auf ein neues HR-Betriebssystem ... 92

**Literatur** ... 99

# 1

# Arbeitswelt im technologischen Wandel

42!

Das ist die mit absoluter Sicherheit korrekte Antwort auf die „ultimative Frage nach dem Leben, dem Universum und dem ganzen Rest". Errechnet von Deep Thought, einem Supercomputer aus der Romanreihe „Per Anhalter durch die Galaxis", in 7 Mio. Jahren unter Einbezug aller Daten. Das einzige Problem: Die Menschheit kann mit dieser Antwort nichts anfangen, weil die Frage nicht sinnvoll ausdifferenziert und spezifisch genug formuliert ist. Diese Analogie zeigt die immensen Möglichkeiten intelligenter Technologie und zugleich deren Limitationen auf. Zwar kann künstliche Intelligenz (KI) bereits heute eine Vielzahl komplexer Aufgaben, und insbesondere mathematische Operationen, mit übermenschlicher Genauigkeit und Geschwindigkeit erledigen. Allerdings sind diese Fähigkeiten nur dann sinnvoll für uns verwendbar, wenn zuvor der Kontext möglichst genau definiert wurde. Diese Definition geht, zumindest für die nächsten Jahrzehnte, immer vom Menschen aus.

Zukunftsorientierte Personaler*innen suchen aktuell nach sinnvollen Einsatzmöglichkeiten von künstlicher Intelligenz in ihrem Aufgabengebiet. Doch viele gehen diese Suche zu unspezifisch und schlecht definiert an. Die Kernfrage ist nämlich nicht, was KI-basierte Technologie kann. Die ungleich entscheidendere Frage ist, wofür intelligente Technologie in der modernen Arbeitswelt eingesetzt werden sollte. Was ist **ein sinnvoller Zweck,** für den KI-basierte Technologie im Personalmanagement ein geeignetes Mittel sein kann?

Dieses Buch gibt eine mögliche Antwort auf diese Frage. Der sinnvolle Einsatz KI-basierter Technologie richtet sich auf die Personalisierung der sogenannten *Employee Experience* aus. Die von Pine und Gilmore (1999) beschriebene Idee der Erlebnisökonomie beschreibt eine ökonomische Entwicklung des zunehmenden Verkaufs von Erlebnissen im Umfeld von Produkten und Dienstleistungen. Die Autoren gehen sogar noch weiter. Ihr Kernargument ist, dass das Angebot von einzigartigen Erlebnissen zukünftig das Hauptprodukt von Unternehmen sein wird. Dies sei darin begründet, dass der Verkauf von einzigartigen Erfahrungen ein Alleinstellungsmerkmal durch Differenzierung von der Konkurrenz und die auf Knappheit beruhende Möglichkeit zur Setzung von Premiumpreisen erzeugt. Auf den Arbeitsmarkt angewendet bedeutet diese Entwicklung, dass das Hauptangebot nicht mehr die Arbeitsplätze sind, sondern die Aufgaben, die damit verbundenen Erlebnisse und die daraus resultierenden Erfahrungen. Unstrittig ist, dass das Personalmanagement bei der Gestaltung dieser zukünftigen Arbeit eine zentrale Rolle einnehmen muss. In einem auf Erlebnisse und Erfahrungen ausgerichteten Arbeitsmarkt besteht die komplexe Herausforderung eines zukunftsorientierten Personalmanagements in der erfolgreichen Gestaltung einer bestmöglichen und personalisierten Arbeitserfahrung. Denn in dieser ausdifferenzierten Personalisierung liegt die Möglichkeit zur Abgrenzung von der Konkurrenz am Arbeitsmarkt. Morgan (2017) prägt eigens dafür sogar den Begriff des „Employee Experience Advantage" und stellt den nachhaltigen Wettbewerbsvorteil überzeugender Arbeitserfahrungen anhand imposanter Unternehmensbeispiele heraus. Unternehmen können ihre Mitarbeiter*innen deutlich besser finden, entwickeln und binden, wenn sie die Arbeitserlebnisse gekonnt personalisieren. In der aktuellen Situation zunehmender hybrider Arbeit kommt der unwiderstehlichen Arbeitserfahrung eine noch wichtigere Rolle zu. Wenn der Ort des

Arbeitsplatzes durch Remote-Arbeit weitgehend an Relevanz verliert, ist die Qualität der hybriden Arbeitserfahrung vielleicht sogar das einzige Unterscheidungsmerkmal zur Konkurrenz am Arbeitsmarkt.

> **Definition: Smart-Work-Experience**
>
> Eine Dimension der Gestaltung dieser wettbewerbsrelevanten Arbeitserfahrungen ist Technologie. Unter dem Eindruck des aktuellen technologischen Wandels erfolgt diese Personalisierung nämlich zunehmend durch expliziten Einbezug smarter Technologiebausteine. Zukunftsorientiertes Personalmanagement gestaltet daher eine *Smart-Work-Experience* für alle aktuellen und potenziellen Mitarbeiter*innen. **Smart** bedeutet im engeren Sinn, dass die Arbeitsprozesse zunehmend durch intelligente Technologien unterstützt werden. Im weiteren Sinn steht der Begriff zusätzlich für den klugen Einsatz intelligenter Technologie. Denn nicht alles, was durch Maschinen erbracht werden kann, sollte auch durch Maschinen erbracht werden. **Work** bedeutet, dass die Tätigkeitsbündel zwischen intelligenten Technologien und intelligenten Menschen aufgeteilt werden. Es steht dabei in engem Zusammenhang zu Work Design, als bewusster Prozess der möglichst optimalen Gestaltung von Arbeitsprozessen und -umgebungen. **Experience** bedeutet, dass der Kontext der Arbeit durch das Zusammenspiel technischer und zwischenmenschlicher Elemente auf das bestmögliche Arbeitserlebnis ausgerichtet wird (vgl. Abb. 1.1).
>
> Die erfolgreiche Gestaltung einer Smart-Work-Experience führt also über die kompetente Orchestrierung ihrer technischen und zwischenmenschlichen Aspekte. Ich bezeichne die technische Dimension der Smart-Work-Experience als „HR-Tech" und die zwischenmenschliche Dimension „HR-Touch". Es ist eine aktuelle Fehlentwicklung, diese Elemente der Smart-Work-Experience immer noch als Gegenpole des Arbeitens aufzufassen. Ich plädiere mit diesem Buch dafür, diese Zwei-Welten-Theorie von HR-Tech einerseits und HR-Touch andererseits aufzugeben. Die Zukunft der Arbeit ist zu komplex und dynamisch, als dass eine einfache bipolare Auffassung von guter Arbeit entweder auf menschliche oder technische Elemente fokussieren kann. Die Herausforderungen zukünftigen Arbeitens und dessen Gestaltung werden weder allein technisch noch allein zwischenmenschlich gemeistert werden. Doch diese zentrale Gestaltungsrolle wird dem Personalmanagement nicht einfach übergeben werden. Wie auch in der Vergangenheit muss diese Rolle proaktiv eingenommen und kompetent ausgefüllt werden. Dieses Buch hilft Ihnen dabei.

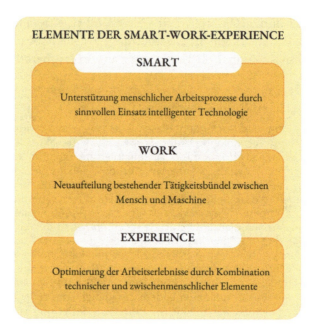

**Abb. 1.1** Elemente der Smart-Work-Experience

Die Ausrichtung auf Smart-Work-Experience verfestigt die strategische Relevanz des Personalmanagements. Denn Personalmanagement, also das Finden, Entwickeln und Binden fähiger Mitarbeiter*innen, ist ein wichtiger Treiber des Unternehmenserfolgs (Jiang et al. 2012). Menschen besitzen einen freien Willen und können sich ihren Arbeitgeber mehr oder weniger nach Belieben aussuchen. Mit der Erschaffung von Smart-Work-Experiences werden Unternehmen zu unwiderstehlich attraktiven Arbeitgebern. Damit verringert sich die Wahrscheinlichkeit, dass die wichtigen Träger*innen von Kompetenzen und Wissensbausteinen zur Konkurrenz abwandern. Zugleich steigert sich die Wahrscheinlichkeit, dass sich immer ausreichend geeignete Kandidat*innen bewerben. Die konsequente Ausrichtung auf die Erzeugung möglichst optimaler Arbeitserfahrungen ist also keine romantisierte Utopie übermäßigen Altruismus. Sie ist ein wichtiger Schlüssel zur Erschließung nachhaltiger Wettbewerbsvorteile und den daraus folgenden ökonomischen Gewinnen.

Ihr Weg zu Gestalter*innen von Smart-Work-Experiences baut auf zwei Säulen auf, von denen jede in den nachfolgenden Kapiteln genauer betrachtet wird. In Kap. 2 stehen die Kernelemente der zukünftigen Arbeitswelt im Vordergrund. Dies erfolgt anhand der drei Dimensionen intelligente Technologie (Abschn. 2.1), Plattform-basierte Ökosysteme (Abschn. 2.2) und kooperative Arbeit der Wissens- und Informationsarbeit (Abschn. 2.3). Anschließend (Kap. 3) liegt der Fokus auf einem Orientierungsrahmen für die operative Gestaltung von Smart-Work-Experiences entlang der gesamten Wertschöpfungskette des Personalmanagements. Entlang des Mitarbeiter*innenpfads als Talentakquise, Talententwicklung und Talentbindung werden eine Reihe potenzieller Anwendungsbeispiele für intelligente Technologie vorgestellt und beschrieben. Die Grundidee ist dabei stets, die Erweiterung menschlicher Fähigkeiten durch intelligenten Technologieeinsatz zu fördern.

# 2

# Kernelemente der Arbeitswelt der Zukunft

Die Realität ist: Es gibt keine einheitliche Definition der zukünftigen Arbeitswelt, die deren Kernelemente mit absoluter Sicherheit festlegen kann. Aber es gibt zentrale Trends und Entwicklungen fortlaufender Digitalisierung, anhand derer eine kompetente Einschätzung hochgradig wahrscheinlicher Szenarien unserer Zukunft möglich ist. Eine solche Einschätzung unserer digitalen Zukunft haben McAffee und Brynjolfsson (2017) vorgenommen. Die Autoren zeigen auf, dass unsere digitale Zukunft wahrscheinlich von drei zentralen Trends geprägt sein wird (siehe Abb. 2.1). Diese drei Trends dienen als Grundgerüst der Kernelemente zukünftigen Arbeitens in diesem Kapitel.

Der erste Trend ist **maschinelle Intelligenz.** Unsere digitale Zukunft wird entscheidend von zunehmend intelligenten Maschinen geprägt sein. Denn die Fähigkeiten von intelligenten Maschinen und deren Verwendung in Form von Soft- und Hardwareprodukten beeinflussen die Art und Weise, wie Menschen in allen Lebensbereichen global interagieren. Vor 1997 gab es die Tätigkeit „Googeln" nicht. Künstliche Intelligenz hat dies über Suchalgorithmen, gegossen in eine simple Suchzeile im Internet, erst möglich gemacht. Die zunehmende maschinelle Intelligenz wird den Inhalt, den Prozess und den Kontext

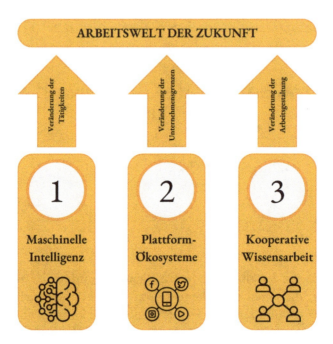

Abb. 2.1 Kernelemente der Arbeitswelt der Zukunft

des zukünftigen Arbeitens entscheidend mitbestimmen. Sie wirft die zentrale organisatorische Frage auf, wie technische und menschliche Intelligenz über verschiedene Teilaufgaben im Wertschöpfungsprozess erfolgreich miteinander kombiniert und ausbalanciert werden können.

Der zweite Trend sind **Plattform-basierte Ökosysteme.** Unsere Zukunft wird von den zunehmend grenzenlosen Handlungsspielräumen moderner Technologieplattformen bestimmt sein. Der zentrale Nutzen von Plattformen ist die vereinfachte Interaktion mit anderen Menschen. Die ausgewählten Kerninteraktionen, um die herum Plattformen aufgebaut werden, sind entscheidend. Vor 2007 gab es keine „Selfies" und nur wenige Menschen sind auf die Idee gekommen, ständig ihr Essen zu fotografieren und sich darüber mit anderen Menschen auszutauschen. Plattformen, wie die Betriebssysteme von modernen Smartphones, haben in Verbindung mit der Verbreitung von entsprechenden

Applikationen Ökosysteme für bis dahin völlig unbekannte Formen menschlicher Interaktion erschaffen. In Zukunft wird Arbeit auf einer Vielzahl verschiedener Plattformen und den darauf aufbauenden Ökosystemen beruhen bzw. darin erfolgen. Viele dieser Plattformen werden selbst durch zunehmend intelligente Technologie unterstützt. Unternehmen werden ihre strategischen Ziele definieren und anschließend Plattform-basierte Ökosysteme erschaffen. Innerhalb dieser Ökosysteme erschaffen Menschen, fest angestellt oder temporär beschäftigt, die vom jeweiligen Unternehmen beabsichtigten modularen Produkte und Dienstleistungen.

Der dritte Trend ist die **Kooperation in der Gruppe.** Unsere Zukunft wird von den immensen globalen Kooperationsmöglichkeiten und den damit verbundenen Möglichkeiten verteilten kollektiven Engagements bestimmt sein. Vor 2001 gab es keine Wikipedia-Artikel. Crowd-basierte Initiativen wie die Erschaffung einer durch Spenden finanzierten Enzyklopädie, geführt und gesteuert von Freiwilligen, haben die enorme Schaffenskraft kooperativer Technologien aufgezeigt. Die modularen Wertschöpfungsprozesse in Plattform-basierten Ökosystemen werden zu einer substanziellen Veränderung von Berufen und Jobs führen. Der erste Trend führt zu einer zunehmenden Übernahme von gut strukturierbaren Routinetätigkeiten durch intelligente Technologie. Das bedeutet, dass sich Menschen auf komplexere, kreative, zwischenmenschliche Aspekte der Arbeit (informationsbasierte Wissensarbeit) fokussieren werden. Die komplexen Produkte, Dienstleistungen und Erfahrungen der zukünftigen Erlebnisökonomie werden von großen Gruppen global kooperierender Menschen erschaffen. Unternehmen werden mehr denn je darauf angewiesen sein, nicht nur die passenden Fähigkeiten und Wissensbausteine zu sichern – dauerhaft oder temporär. Sie werden ein Umfeld schaffen müssen, das für Kooperation, Kreativität, Alignment, Austausch, Innovation und Verhandlungen optimiert ist.

Dieser Rahmen wird nachfolgend genutzt, um die wahrscheinlichen Kernelemente der Arbeitswelt der Zukunft einzuschätzen. Dazu werden zunächst die technologischen Aspekte des zukünftigen Arbeitens beleuchtet.

## 2.1 Intelligente Maschinen: Technologische Aspekte zukünftiger Arbeit

Technologischer Wandel erfolgt fortlaufend. Die jeweilige Arbeitswelt verändert sich unter dem Eindruck technologischen Wandels seit jeher. Doch die Veränderungen der nächsten Jahrzehnte werden die fundamentalsten der modernen Menschheitsgeschichte sein. Technische Innovationen erzeugen immer schon neue Möglichkeiten und wirken sich durch weitgehende Adoption auf den Prozess, Inhalt und Kontext menschlicher Arbeit aus (Schumpeter 1911; Kondratieff 1926). Diese Entwicklung zeigt sich jedoch besonders deutlich im Zusammenhang mit sogenannten Universaltechnologien (Lipsey und Carlaw 2005). Solche Technologien, wie die Dampfmaschine, Elektrizität, das Automobil, der Computer, Antibiotika oder das Internet, unterscheiden sich von anderen Technologien, weil sie die Kraft haben, die sozialen und ökonomischen Strukturen von ganzen Gesellschaften zu verändern. Ihr dualer Charakter bietet von jeher neue Möglichkeiten, Herausforderungen und Gefahren für einen großen Teil der Weltbevölkerung. In ihrer Folge entstanden Szenarien, die auch die Arbeitsqualität der Menschen positiv und negativ beeinflusst haben. Die Arbeitswelt, also die Lebensdimension zielgerichteter, teils kooperativer, menschlicher Tätigkeit zur Erarbeitung von Produkten und Dienstleistungen, veränderte sich bereits mehrfach und auf vielfältige Weise. Durch die Dampfmaschine zum Beispiel konnten Maschinen entwickelt werden, die bestimmte Tätigkeiten übernommen haben, die bis dahin von Gruppen von Menschen erbracht wurden. Menschen mussten in der Folge **neue Tätigkeiten an den neuen Maschinen** erbringen (z. B. Wartung). Gleichzeitig konnten Menschen auch **neue Tätigkeiten mit den neuen Maschinen** erbringen (z. B. industrieller Bergbau). Zusätzlich ergaben sich auch **neue Tätigkeiten durch die neuen Maschinen** an anderen Stellen der Lieferkette oder des Produktionsprozesses (z. B. Fließbandarbeit). Auf diese Weise wurden die Tätigkeitsbündel, die Arbeit inhaltlich definieren, durch Technologien verändert. Darüber hinaus wurden die Bedingungen und Prozesse der Arbeitserbringung durch Technologien verändert.

Aktuell revolutioniert eine junge Technologie, ebenfalls eine Universaltechnologie, die Arbeitswelt erneut. Die Technologie wird meistens künstliche Intelligenz genannt. Streng genommen handelt es sich eigentlich um einen Sammelbegriff für verschiedene Technologiebausteine und die dahinter versammelten Wissenschaftsdisziplinen. Um die Auswirkungen auf das zukünftige Arbeiten genau zu skizzieren, stehen nachfolgend eine Definition von KI, eine kurze Erläuterung verschiedener KI-Grundformen und ein Kurzüberblick verschiedener maschineller Lerntypen im Vordergrund.

> **Definition: Künstliche Intelligenz**
>
> Der Begriff *künstliche Intelligenz* lässt sich auf verschiedene Arten definieren. Im Jahr 1956 traf sich eine Gruppe visionärer Wissenschaftler*innen zu einem Sommer-Workshop am US-amerikanischen Dartmouth College, um das Profil des noch jungen Wissenschaftsfelds der denkenden Maschinen zu schärfen. Nach einer darauf aufbauenden und weit gefassten Definition befasst sich das Feld der künstlichen Intelligenz mit der Entwicklung von Technologien, die über maschinelle Intelligenz verfügen. Eine Technologie gilt als intelligent, sobald sie über Fähigkeiten verfügt, „externe Daten korrekt zu interpretieren, aus diesen Daten zu lernen und die Erkenntnisse durch flexible Anpassung des eigenen Handelns zur Erreichung bestimmter Ziele und Aufgaben zu nutzen" (Kaplan und Heanlein 2019). **Der entscheidende Unterschied** zu vorherigen Universaltechnologien ist also, **dass KI-basierte Technologien darauf ausgerichtet sind, eine eigene, vom Menschen unabhängige Intelligenz zu besitzen und zu entwickeln** (Krüger 2021). Das interdisziplinäre Forschungsgebiet der KI versucht, „Maschinen zu erschaffen, die Funktionen erfüllen, die, werden sie von Menschen ausgeführt, der Intelligenz bedürfen" (Kurzweil 1990). Das Künstliche bezeichnet in diesem Sinn also das Nicht-Menschliche. Das Intelligente beschreibt in diesem Sinne eine mehr oder weniger spezifische Lern- und Handlungsfähigkeit.

Es lassen sich folgende Grundformen künstlicher Intelligenz unterscheiden. Die Spezifität der Lern- und Handlungsfähigkeiten definiert dabei den Grad an Transferfähigkeit einer KI-basierten Technologie. Nach Malone (2018) wird zwischen spezifischer und genereller Intelligenz unterschieden. Kann eine Technologie in einem sehr spezifischen und selten dynamischen Problemkontext intelligente Handlungen ausführen, spricht man von *spezifisch-intelligenter Technologie (SIT)*. Besitzt eine Technologie die Fähigkeit, in verschiedensten und dynamischen Problemkontexten intelligente Handlungen auszuführen, spricht man von *generell-intelligenter Technologie (GIT)*. Eine darüber hinausgehende Entwicklungsstufe von KI wird als *künstliche Superintelligenz* bezeichnet (Krüger 2021). Eine superintelligente Technologie wäre eine GIT, die zugleich in einem großen Teil der von ihr beherrschten Problemkontexte übermenschliche Lern- und Handlungsfähigkeiten besitzt. Ein Beispiel für eine SIT ist ein Softwareprogramm, das alle Fragen der Unterhaltungssendung „Wer wird Millionär?" korrekt beantworten kann. Ein Beispiel für eine GIT wäre, wenn dieses Softwareprogramm zugleich auch Auto fahren und kochen kann. Die Stufe der Superintelligenz erreichte eine solche Software dann, wenn sie in allen Lebensbereichen übermenschlich gute Entscheidungen treffen könnte. Zum Zeitpunkt der Veröffentlichung dieses Buches existieren GIT und künstliche Superintelligenz lediglich als theoretisch beschriebenes Ziel der Forschungsgebiets KI. Alle aktuell bekannten KI-basierten Technologien sind ihrer Entwicklungsstufe nach als SIT zu klassifizieren.

KI-basierte Technologie definiert sich über die Lern- und die damit verbundene Handlungsfähigkeit. Ein wichtiges Teilgebiet von KI ist folglich das maschinelle Lernen. Maschinelles Lernen teilt sich in drei grundsätzliche Formen auf (Ng und Soo 2017). *Unüberwachtes Lernen* bezeichnet eine Art Mustererkennung. Bei dieser Lernform werden Algorithmen mit vorhandenen Daten gefüttert und bringen eigenständig erkannte Muster hervor. Diese Lernform heißt unüberwacht, weil kein Mensch vorab Kategorien definiert hat, denen die Daten zugeordnet werden sollen. Diese Lernform ist also eher explorativer Natur. *Überwachtes Lernen* dient der Prognose zukünftiger Ereignisse auf Basis bestehender Muster in den bereits verarbeiteten Daten. Diese Lernform heißt überwacht, weil die Kategorien, denen die Daten zugeordnet werden sollen, durch den Menschen vorgegeben werden. Diese Lernform kann auf Basis der Ergebnisse des unüberwachten Lernens eingesetzt werden. *Bestärkendes Lernen* bezeichnet ebenfalls Prognoseverfahren. Diese zeichnen sich allerdings zusätzlich dadurch aus, dass sie die erzielten Ergebnisse im Zeitverlauf nutzen, um die Prognosequalität an neue Datensätze anzupassen.

> **Beispiele für maschinelle Lernformen**
>
> Unüberwachtes Lernen könnte genutzt werden, um Mitarbeiter*innen aufgrund ihres Verhaltens bezüglich des hybriden Arbeitens (Wechsel zwischen Büro, Workation, Homeoffice, Remote-Arbeiten) in verschiedene Gruppen zusammenzufassen. Überwachtes Lernen könnte genutzt werden, um für die Mitarbeiter*innen verschiedener Gruppen hybriden Arbeitens die Wahrscheinlichkeit zukünftiger Fluktuation zu prognostizieren. Bestärkendes Lernen könnte genutzt werden, um für die Mitarbeiter*innen verschiedener Gruppen hybriden Arbeitens zu analysieren, welche HR-Maßnahmen (z. B. Vergütungsmodelle, Flexibilisierung, Kommunikation) die Kündigungswahrscheinlichkeit im Zeitverlauf am stärksten verringern.

Je nach Entwicklungsstand KI-basierter Technologien lassen sich die Auswirkungen auf unsere heutige Arbeitswelt skizzieren. Die heute bekannten oder abschätzbaren Einsatzszenarien von KI sind zwar nur die Vorband eines Konzerts fundamentaler Veränderungen der Arbeitswelt, das Brynjolfsson und McAfee (2016) als das „Second Maschine Age" bezeichnen. Das bedeutet aber keineswegs, dass diese spezifisch-intelligenten Technologien nicht in der Lage sind, unsere Arbeitswelt bereits jetzt fundamental zu verändern. Schwab (2017) schreibt dem aktuellen technologischen Wandel aufgrund seiner Geschwindigkeit, seiner Bandbreite und seiner systemweiten Auswirkungen sogar die Kraft zu, eine vierte industrielle Revolution auszulösen. Diese Klasse von zunehmend intelligenten Technologien verändert die Arbeitswelt nicht nur durch ihre vom Menschen zu definierenden Einsatzmöglichkeiten. KI-basierte Technologien bringen eigene Kompetenzen zur Problemlösung mit, die in besonderen Fällen die problemspezifischen Fähigkeiten des Menschen sogar übersteigen. Ein weiterer Unterschied ist, dass die Fähigkeiten und damit die Einsatzmöglichkeiten KI-basierter Technologien exponentiell wachsen. Folglich werden sich intelligente Technologien auf zwei grundsätzliche Arten auf unsere Arbeitswelt auswirken. Eine Art des Einflusses entsteht aus der Automatisierung von Tätigkeiten oder Tätigkeitsbündeln (Abschn. 2.1.1). Die andere Art des Einflusses ergibt sich aus der Analyse von Datenströmen in Echtzeit (Abschn. 2.1.2). Der Grad der Auswirkung entscheidet sich durch die Geschwindigkeit der spezifischen und generellen Fähigkeitsentwicklung intelligenter Technologien. Automatisierung wird die Effizienz der zukünftig arbeitenden Menschen steigern, intelligente Analysen ihre Effektivität.

## 2.1.1 Automatisierung

Nach Auffassung der International Society of Automation bedeutet *Automatisierung* generell „die Entwicklung und Anwendung von Technologien zur Überwachung und Steuerung der Produktion und Lieferung von Produkten und Dienstleistungen" (ISA 2022). Dabei wird jedoch unterschlagen, dass Automatisierung in diesem Sinne ausdrückt, dass die jeweiligen automatisierten Prozesse, Tätigkeiten oder Arbeitsschritte ohne menschliche Intervention ablaufen. Es kann sein, dass Menschen am Ende oder an wichtigen Meilensteinen des automatischen Prozesses eine Zwischen- oder Endabnahme vornehmen. KI-basierte Technologien sind ein massiver Hebel für die Automatisierung verschiedenster Tätigkeitsbereiche. Anhand der automatisierten Tätigkeitsbereiche werden typischerweise zwei Unterdimensionen unterschieden. Die erste Dimension ist die sogenannte *industrielle Automatisierung (IA)*. Die zweite Dimension ist die sogenannte *intelligente Automatisierung (AI)*.

Industrielle Automatisierung bezieht sich auf gut zu strukturierende Routinetätigkeiten entlang der Produktionsketten industrieller Fertigungsprozesse. Im Gewand der robotergestützten Prozessautomatisierung (RPA) kann es sich jedoch auf alle manuellen und repetitiven Standardprozesse eines Unternehmens beziehen. Bei der industriellen Automatisierung müssen keine KI-basierten Technologien eingesetzt werden. Für besonders klar strukturierte Aufgaben kann regelbasierte Software programmiert werden. Solche Programme führen Aufgaben aus, indem sie deterministischen Regelsystemen folgen. Sie erlernen daher eine Tätigkeit nicht selbstständig anhand von

Beispieldaten. Das bedeutet, dass industrielle Automatisierung nicht immer auf KI-basierten Technologien beruhen muss. Es ist jedoch auch möglich, SIT einzusetzen, um industrielle Automatisierung zu implementieren. In diesem Fall lernen KI-basierte Softwareprogramme anhand von Trainingsdaten die relevanten Prozessschritte und als Erfolg geltenden Ergebniszustände.

Intelligente Automatisierung unterschiedet sich durch das Automatisierungsobjekt von industrieller Automatisierung. Gegenstand der intelligenten Automatisierung sind Tätigkeiten der informationsbasierten Wissensarbeit (Bornet et al. 2021). Softwareprogramme handeln als eine Art digitaler Zwilling eines Mitarbeitenden und übernehmen einzelne Tätigkeitsbündel von Anfang bis zum Ende. Im absoluten Zielzustand ist intelligente Automatisierung darauf ausgelegt, eine digitale Belegschaft zu stellen. Vereinfacht ausgedrückt, beinhaltet intelligente Automatisierung alle KI-basierten Anwendungen, deren Ziel die eigenständige Erledigung von End-to-End-Prozessen der informationsbasierten Wissensarbeit in Unternehmen ist.

Die heute existierenden SIT können eigenständig spezifische (Bündel von) Tätigkeiten ausführen. Sie können also sowohl für die industrielle Automatisierung manueller Routinearbeit als auch für die intelligente Automatisierung von Wissensarbeit eingesetzt werden. SIT können ebenfalls bestimmte (Bündel von) Tätigkeiten vollständig ausführen oder lediglich digitalisieren. Digitalisierung bedeutet, ortsunabhängige Erbringung der Tätigkeiten zu ermöglichen, selbst wenn die Tätigkeiten selbst dann weiterhin von Menschen erbracht, also nicht automatisiert werden. Die Arbeitswelt verändert sich in beiden Fällen, aber nicht in gleicher Weise. Erstens: Manche Tätigkeitsbündel werden vom Menschen vollständig auf intelligente Maschinen übertragen werden. Zweitens: Andere Tätigkeitsbündel werden weiterhin von Menschen erbracht, aber digital und ortsunabhängig.

Die wahrscheinlichen Auswirkungen der Automatisierung durch KI-basierte Technologien auf menschliche Arbeit hat Daniel Susskind (2020) zusammengefasst. Einerseits entsteht ein **Substitutionseffekt** auf Arbeit, in dessen Prozess bestimmte Tätigkeiten durch KI-basierte Technologien gänzlich übernommen und aus Sicht des Menschen ersetzt werden. Das ökonomische Kernargument für den Substitutionseffekt ist recht einfach. Maschinen erbringen Routinetätigkeiten zu günstigeren Preisen als Menschen, weshalb Unternehmen für jede dieser Tätigkeiten zunehmend menschliche Arbeit durch maschinelle Arbeit ersetzen. Je stärker die Fähigkeiten der SIT wachsen, umso mehr menschliche Tätigkeiten werden im Zeitverlauf ersetzt. Andererseits entsteht ein **Komplementäreffekt** auf Arbeit, durch den bestimmte Tätigkeiten neu entstehen und aus Sicht des Menschen hinzukommen. Parallel dazu entsteht ein **Deplatzierungseffekt** auf Arbeit, denn die neu entstehenden Tätigkeiten müssen nicht an den Orten oder in den Regionen entstehen, in denen andere Tätigkeiten ersetzt worden sind. Das Ausmaß aller Effekte ist selbst auch von der Geschwindigkeit der technischen Entwicklung abhängig. Sollte es zeitnah dazu kommen, dass KI-basierte Technologien sich völlig neue Fähigkeiten aneignen, so wird die Summe der Substitutionen, der Ergänzungen und der Deplatzierungen sprunghaft zunehmen. Zugleich hemmen softwaregestützte Trends, wie die zunehmende Möglichkeit der virtuellen Remote-Arbeit, auch die Auswirkungen des Deplatzierungseffekts.

Es wird bereits deutlich, dass letztlich das Zusammenspiel dieser Effekte darüber entscheidet, wie die Arbeitswelt der Zukunft aussieht. Allerdings ist es sehr wichtig, genau zu verstehen, auf welcher Ebene der technologische Wandel auf die Arbeitswelt durchschlägt. Denn die eben skizzierten Effekte werden sich nur dann auf ganze Jobs auswirken, wenn alle in einem Job gebündelten Tätigkeiten durch Technologie ersetzt oder deplatziert und nicht zugleich ergänzt oder erweitert werden können. Dies wird vor allem auf Jobs zutreffen, die einen hohen Anteil an Routinetätigkeiten aufweisen. Die Gesamtauswirkungen des technologischen Wandels werden sehr wahrscheinlich „skill-biased" sein (Violante 2016, S. 2). Das bedeutet, dass sich durch die Einführung intelligenter Technologien die Nachfrage nach gut oder hoch ausgebildeten Fachkräften erhöhen wird. Denn diese komplexen Technologien ergänzen sich besser mit den Fähigkeiten von gut bis hoch ausgebildeten Menschen. Daher sinkt zugleich die Nachfrage nach ungelernten Arbeitskräften wahrscheinlich, denn diese sind für die Bedienung komplexer Technologien unzureichend ausgebildet. Diese sinkende Nachfrage führt zu sinkenden Löhnen, und die Folge wäre eine weitere Verstärkung der Lohnspreizung mit den entsprechenden gesellschaftlichen Folgen. Acemoglu (2000), Autor et al. (2006) sowie Acemoglu und Autor (2010) bestätigen diese Hypothese zwar empirisch, zeigen aber auch, dass es in den vergangenen 30 Jahren zu einer Polarisierung des US-Arbeitsmarktes zwischen niedrig- und hoch qualifizierten Tätigkeiten gekommen ist. Goos und Manning (2003) finden ähnliche Ergebnisse für den britischen und Spitz-Oener (2006) für den deutschen Arbeitsmarkt. Eine mögliche Erklärung liefern Goos et al. (2014). Ihre Analyse von 16 westeuropäischen Ländern zeigt, dass der jüngere technologische Wandel vorwiegend Routinetätigkeiten ersetzt hat. Diese finden sich vor allem in Berufsgruppen mit mittleren Fähigkeitsniveaus.

Ein Beispiel hilft an dieser Stelle. Die Tätigkeiten von Service-Personal mit direktem Kundenkontakt in Restaurants oder Hotels zählen ökonomisch betrachtet zu den sogenannten „Low-Skill"-Berufen, da keine besondere Ausbildung benötigt wird. Fachkräfte der Hotellerie oder des Gastgewerbes zählen zu den „Middle-Skill"-Berufen, da hier meist z. B. eine Hotelfachausbildung benötigt wird. Der Arbeitsprozess des zuvor genannten Service-Personals ist oft kaum von Routinetätigkeiten geprägt. Gäste haben dynamische und komplexe Bedürfnisse und Sonderwünsche, die sie zu jeder Zeit äußern. Für den flexiblen Umgang mit diesen Kundenanforderungen sind Menschen intelligenter Technologie überlegen. Zugleich haben viele Kunden den Wunsch, direkt mit einem Menschen über ihre Anforderungen zu sprechen. Daraus folgt, dass diese Berufsgruppen gewissermaßen vor dem technologischen Wandel geschützt sind. Zudem erhöht sich gegebenenfalls sogar die Nachfrage nach ihren Fähigkeiten, wenn andere Teile des Serviceablaufs von Maschinen übernommen werden. Die Tätigkeiten am Empfang eines Hotels werden häufiger von ausgebildeten Fachkräften ausgeführt, sind aber durch einen höheren Anteil von Routinetätigkeiten geprägt. Das bedeutet, dass diese Tätigkeiten eher von intelligenter Technologie ersetzt werden könnten. Diese Berufsgruppen müssten sich dann entweder in den Service begeben oder nach entsprechenden Weiterbildungen in „High-Skill"-Berufe wechseln. Diese Prozesse führen also insgesamt zu einer Polarisierung des Arbeitsmarktes, bei der die mittleren Fähigkeitsniveaus am ehesten durch Technologie ersetzt werden.

Die zitierten empirischen Ergebnisse und das soeben beschriebene Beispiel zeigen, dass die Abschätzung der Gesamtauswirkung KI-basierter Technologie auf verschiedene (Gruppen von) Jobs sehr komplex ist. Sicher ist nur, dass Pauschalaussagen à la „KI wird eure Jobs ersetzen" oder „KI wird neue Jobs für euch schaffen" deutliche Skepsis auslösen sollten. Denn eine volkswirtschaftliche Gesamtbetrachtung der Auswirkungen von KI-basierter Technologie auf die Anzahl vorhandener Berufe oder Jobs darf nicht mit der individuellen Auswirkung auf einzelne Mitglieder unserer Gesellschaft oder Belegschaft verwechselt werden. Zwar mag die Bilanz des technologischen Wandels auf Arbeit generell positiv sein, weil vielleicht mehr Jobs geschaffen als ersetzt werden. Die Personen, die die teilweise ersetzten oder deplatzierten Jobs heute ausüben, werden dennoch stark davon betroffen sein.

So weit zur theoretischen Möglichkeit der Automatisierung von Tätigkeiten. Doch inwiefern sind die Automatisierungsszenarien bereits heute ökonomische Realität? Frey und Osborne (2017) betrachten über 700 Berufsgruppen und schätzen deren Automatisierungsrisiko durch intelligente Technologie ein. Dazu klassifizieren sie die Berufsgruppen nach der Standardisierbarkeit und Explizierbarkeit der in ihnen gebündelten Tätigkeiten. Die Autoren kommen zu dem Ergebnis, dass ca. 47 % der US-amerikanischen Berufsgruppen ein nicht zu vernachlässigendes Automatisierungsrisiko aufweisen. Allerdings seien nur 9 % der Berufe vollständig automatisierbar. Bonin et al. (2015) kommen bei der Nutzung desselben Untersuchungsdesigns zu einer Einschätzung des hohen Automatisierungspotenzials von 9–12 % der Berufsgruppen in Deutschland. Diese Studienergebnisse wurden sehr stark debattiert. Das Hauptproblem ist, dass beide Studien zur Abschätzung des Automatisierungspotenzials Berufsgruppen untersuchen. Die tatsächliche Automatisierung, so die Argumente der Kritiker*innen, erfolgt allerdings auf Ebene einzelner Tätigkeiten innerhalb eines Berufs oder einer Berufsgruppe. Es wäre vorteilhafter gewesen, sich die Tätigkeiten einzelner Berufe genauer anzusehen und darauf aufbauend das Automatisierungspotenzial einzuschätzen. Arntz et al. (2016) untersuchen das Automatisierungspotenzial auf Tätigkeitsebene und finden Risiko-Niveaus von ungefähr 10 % in 21 untersuchten OECD-Ländern. Nedelkoska und Quintini (2018) schätzen das Automatisierungspotenzial in 32 untersuchten OECD-Ländern auf 14 %.

Eine andere empirische Untersuchung von Acemoglu und Restrepo (2019) zeigt, dass die Anzahl der eingesetzten Arbeiter*innen in der US-amerikanischen Volkswirtschaft und deren Lohnniveau mit der zunehmenden Nutzung industrieller Roboter abnehmen. Greatz und Micheals (2017) analysieren die Auswirkungen industrieller Robotik anhand von umfangreichen Paneldaten der Jahre 1993 bis 2007. Sie finden heraus, dass der Einsatz intelligenter Technologie in den 17 untersuchten Ländern zu einer Produktivitätserhöhung menschlicher Arbeit geführt hat und zugleich nicht zu einer signifikanten Verringerung der allgemeinen Beschäftigungsquoten führte. Allerdings zeigte sich, dass der Anteil gering qualifizierter Arbeitskräfte an den Erwerbstätigen in diesem Zeitraum gesunken ist. Anhand von Szenarioanalysen zeigen Wolter et al. (2016), dass die Verbreitung von Automatisierung hauptsächlich zu Umwälzungen von Arbeitenden zwischen bestehenden und neu entstehenden Branchen führt. Die Summe der Erwerbstätigen sinke durch die Verbreitung von intelligenter Technologie nicht. Da durch eine Ausweitung des Dienstleistungssektors und eine Intensivierung der Wissensarbeit auch die Ansprüche an die Erwerbstätigen steigen werden, steige auch deren allgemeines Lohnniveau mit zunehmender Automatisierung. Pfeiffer und Suphan (2015) entwickeln den sogenannten AV-Index, der Berufe nach Notwendigkeit zum Umgang mit Komplexität und Unwägbarkeiten klassifiziert. Über den AV-Index leiten sie ab, dass 71 % der Erwerbstätigen in Deutschland bei der Arbeit mit Komplexität und Unwägbarkeiten umgehen müssen. Diese Erwerbstätigen sind eher nicht stark von einer Automatisierung ihrer gesamten Tätigkeiten bedroht. Berufsgruppen mit niedrigem AV-Index sind vor allem Packer*innen, Lager- und Transportarbeiter*innen, Warenprüfer*innen und Versandfertigmacher*innen. Diese Berufe sind zukünftig durch das geringe Maß an nichtstrukturierbarer Komplexität durchaus von einer Deplatzierung betroffen. Dengler und Matthes (2015) kommen in ihrer Analyse des deutschen Arbeitsmarkts zu dem Schluss, dass ca. 15 % der 2013 sozialversicherungspflichtig Beschäftigten ein hohes

Automatisierungspotenzial haben. Das bedeutet, dass die Tätigkeiten dieser Beschäftigten zu mehr als 70 % von intelligenten Technologien ausgeführt werden können. Autor und Dorn (2009) bringen mit ihrer Analyse des US-Arbeitsmarktes mehr Klarheit in die Mechanismen der technologisch indizierten Umwälzungen. Sie zeigen, dass die Einführung von Technologie eine Verschiebung von niedrig ausgebildeten Arbeitskräften in den Servicesektor ausgelöst hat. Dadurch haben diese Arbeitskräfte aber durchaus eine Steigerung ihrer Löhne erfahren. Zugleich stieg in ihren Ursprungsbranchen insgesamt die Nachfrage nach gut bis hoch ausgebildeten Fachkräften. Spitz-Oener (2006) weist in ihrer Analyse darauf hin, dass technische Innovationen seit 1979 in allen Berufsgruppen des deutschen Arbeitsmarkts einen massiven Schub an Weiterbildung ausgelöst haben.

Die Auswirkungen (intelligenter) Automatisierung auf die zukünftige Arbeitswelt sind basierend auf der bisherigen empirischen Evidenz eher optimistisch zu betrachten. Alle Formen der Automatisierung werden die Effizienz zukünftigen Arbeitens erhöhen. Denn Unternehmen werden dort auf Automatisierung setzen, wo es relativ zur menschlichen Ausführung von Tätigkeiten einen Zeit- oder Kostenvorteil gibt. Das bisherige Fazit muss lauten: Alle Berufe werden mit zunehmender Reife intelligenter Technologien von Automatisierung betroffen sein. Sehr wahrscheinlich werden ganze Berufe aber nur dann vollständig ersetzt, wenn sie zu einem sehr großen Anteil aus klar codierbaren Routinetätigkeiten bestehen. Niedrig ausgebildete Arbeitskräfte können ihr Heil voraussichtlich am besten im Service- und Dienstleistungssektor suchen. Denn intelligente Technologie wird es in der direkten Interaktion mit Kund*innen (z. B. face-to-face) noch eine Zeit schwer haben. Informationsbasierte Wissensarbeit (White-Collar-Berufe) sind nicht, wie üblich angenommen, von der Automatisierung ausgenommen. Es kommt ausschließlich auf den Anteil der Routinetätigkeiten und nicht zwingend auf das Bildungsniveau der jeweiligen Jobs an. Eine noch nicht doppelt-blind begutachtete Studie von Peng et al. (2023) zeigt zum Beispiel, dass Programmierer*innen durch den Einsatz generativer KI (hier: Github Copilot) ca. 55 % produktiver waren als die Programmierer*innen der Kontrollgruppe. Eine von Felten et al. (2023) vorgestellte Übersicht der Top-20-Berufe, die vom Einsatz generativer KI (z. B. GPT-X) betroffen sein werden, umfasst akademische und nichtakademische Berufe. Insgesamt werden Umschulungen und Weiterbildungen in neue Tätigkeitsbereiche für alle Arbeitskräfte unerlässlich sein. Die dabei unternommenen Anstrengungen werden ebenfalls durch ein erhöhtes Lohnniveau kompensiert. Eine sehr spannende Implikation der Automatisierung durch intelligente Technologie ist, dass Generalisten zukünftig einen erheblichen Vorteil haben werden. Intelligente Technologie wird mangels genereller künstlicher Intelligenz auf lange Sicht keine Transferfähigkeit ihres Wissens aufweisen. Personen mit eher generalistischer Ausbildung sind dadurch wahrscheinlich am wenigsten von Automatisierung betroffen und zugleich durch ihre Transferfähigkeiten stark nachgefragt.

## 2.1.2 Analytics

Neben der Automatisierung von Tätigkeiten und den damit verbundenen Arbeitsprozessen wird sich intelligente Technologie auch über die Echtzeitanalyse von Datenströmen auf die Zukunft der Arbeit auswirken. Der Mechanismus hinter diesen Auswirkungen ist recht einfach erklärt. Organisationen sind letztlich Gruppen von Menschen, die meist innerhalb einer Hierarchie kooperieren, um ein bestimmtes Ergebnis hervorzubringen (Williamson 1975). Damit beruhen Organisationen auf unzähligen Entscheidungen, die mal gemeinsam, mal individuell von Menschen getroffen werden. Wenn sie bewusst entscheiden, dann beziehen Menschen typischerweise alle verfügbaren Informationen inklusive ihres Wissens aufgrund bisheriger Erfahrungen zur Abwägung verschiedener Entscheidungswege ein. Leider sind Menschen niemals perfekt informiert, was Simon (1990) begrenzte Rationalität nannte. Zahlreiche Forschungsergebnisse zur Verhaltensbildung haben darauf aufbauend gezeigt, dass Menschen im Entscheidungsprozess zudem auch noch leicht durch eine Vielzahl von kognitiven Fehlern beeinträchtigt werden (Kahnemann und Tversky 1979; Fehr und Schwarz 2002; Ariely 2009). Das bedeutet letztlich, dass Menschen nur selten alle relevanten Informationen in korrekter Weise in die

Entscheidungsfindung einfließen lassen. Und genau an dieser Stelle setzt Analytics an. Die Fähigkeit, über intelligente Technologie eine größere, relevantere und besser interpretierbare Informationslage in die menschliche Entscheidungsfindung einfließen zu lassen, begründet die epochale Auswirkung KI-basierter Technologie auf die Zukunft der Arbeit.

> **Definition Analytics**
>
> Zur detaillierteren Erläuterung ist ein kleiner Exkurs in die wissenschaftliche Fundierung der Analytik nötig. Ähnlich wie Automatisierung ist Analytics ebenfalls ein Sammelbegriff für alle Tätigkeiten der angewandten Statistik und Datenwissenschaft. *Analytics* befasst sich im weitesten Sinn mit der „Sammlung, Analyse, Interpretation und Präsentation von Daten" (Illowsky und Dean 2018, S. 5). Die Datenanalyse umfasst den „Einsatz statistischer Methoden unter Verwendung von Computern und speziellen Programmen, den ‚Datenanalysesystemen'" (Schnell et al. 2011, S. 9). Zum analytischen Prozess zählen eine Reihe von Teilschritten der empirischen Forschung:
>
> - Formulierung des Analyseziels
> - Identifikation geeigneter Datenquellen
> - Sammlung und Bereinigung entsprechender Daten
> - Statistische Auswertung der Daten
> - Visualisierung der Analyseergebnisse
> - Ableitung von Handlungsempfehlungen

Entlang dieser Prozessschritte kann Analytics darüber hinaus in vier verschiedenen Formen erfolgen (Attaran und Attaran 2019; Cote 2021). Die *deskriptive Analytik* befasst sich mit der „Beschreibung von Untersuchungseinheiten im Hinblick auf einzelne Variablen und die Beschreibung der Beziehung zwischen Variablen" (Benninghaus 2007, S. 15). Sie beschäftigt sich im Kern mit der Frage „Was ist passiert?". Die Berechnung einer Kennzahl und deren fortlaufende Messung ist ein Beispiel für deskriptive Analytik im Unternehmenskontext. Manchmal als Teil der deskriptiven Analytik beschrieben, fokussiert die *diagnostische Analytik* auf das Erkennen von Zusammenhängen zwischen verschiedenen Variablen. Sie sucht Antworten auf die Frage „Warum ist es passiert?". In den meisten wissenschaftlichen

Publikationen findet sich diese Unterscheidung nicht, da es sich streng genommen nur um deskriptive Statistik mit mehr als einer Variable handelt. *Prädiktive Analytik* nutzt vergangene Daten zur Vorhersage zukünftiger Ereignisse und Trends (Siegel 2016). Sie beantwortet die Frage „Was wird passieren?". Die *präskriptive Analytik* nutzt die gewonnenen Erkenntnisse, um im Rahmen von Szenarioanalysen umsetzbare Handlungsmaßnahmen aus den Datenanalysen abzuleiten (Cote 2021). Sie widmet sich der Frage „Was sollten wir als Nächstes tun?".

**Beispiel Retention Analytics**

Diese wissenschaftliche Fundierung von Analytics lässt sich anhand eines konkreten Beispiels aus dem Bereich Bindung von Mitarbeiter*innen verdeutlichen. Gehen wir davon aus, dass ein Unternehmen aktuell Probleme hat, seine Mitarbeiter*innen nachhaltig zu binden und es in letzter Zeit vermehrt Fälle freiwilliger Kündigungen gegeben hat. Als Analyseziel kann ein umfassendes Verständnis der freiwilligen Fluktuation samt wichtiger Treiber und Gegenmaßnahmen definiert werden. Als Datenquellen eignen sich das zentrale HR-Informationssystem, die dokumentierten Austrittsgespräche, die mehrfach pro Jahr durchgeführte Mitarbeiter*innenbefragung, das System der Lohnabrechnung und die Performance-Management-Software. Aus diesen Quellen werden dann z. B. Daten mit Informationen zu den ausgetretenen Personen, den Fluktuationsfällen im Zeitverlauf, die Zufriedenheitswerte, die Führungsspanne, die Gehaltsinformationen, die Austrittsbegründungen und die Leistungsprofile der Mitarbeiter*innen anonymisiert zusammengestellt. Bei der deskriptiven Auswertung wird das Phänomen der Fluktuation mit allen Teildimensionen detailliert beschrieben. Die durchschnittliche Fluktuationsquote sowie die absolute Anzahl der Fälle und deren Verteilung über die Zeit stehen dabei als Kennzahl im Mittelpunkt. Als erste Form der diagnostischen Analyse kann diese Kennzahl nach Berufsgruppen, Geschlechtern, Lohnniveaus und Zufriedenheits- oder Leistungsniveaus segmentiert werden. An dieser Stelle kann auch der statistische Zusammenhang (i. e. Korrelation) zwischen der durchschnittlichen Zufriedenheit und der Fluktuation von Mitarbeiter*innen errechnet werden. Mit anderen Analysemethoden (z. B. Regression) können auch gleichzeitig die Zusammenhänge der Fluktuation mit einer Vielzahl von Variablen berechnet werden. So entsteht beispielsweise ein Treiberranking der wichtigsten Faktoren, die einen verstärkenden oder hemmenden Zusammenhang mit der Fluktuation ausweisen. Die prädiktive Analyse nutzt diese diagnostischen Muster in den vernetzten Datensätzen und prognostiziert darauf aufbauend die mit einer

> gewissen Wahrscheinlichkeit zukünftig eintretende Fluktuationsquote unter den noch verbliebenen Mitarbeiter*innen. Die präskriptive Analyse durchsucht die gleichen Daten daraufhin und leitet die wirksamsten Gegenmaßnahmen zur Verhinderung der soeben berechneten Fluktuationsprognosen ab. Ein präskriptives Ergebnis könnte lauten: Wenn wir die Wahrscheinlichkeit für zukünftige Fluktuation der Mitarbeiter*innen um 25 % senken wollen, sollten wir den Lohn der verbleibenden Mitarbeiter*innen um 5,4 % anheben und zugleich bis zu zwei Homeoffice-Tage ermöglichen. Liegen zusätzlich sogar Daten zu den bisher aufgetretenen Fluktuationskosten vor, könnte zusätzlich die Wirtschaftlichkeit dieser Lohnerhöhung im Vergleich zu den dadurch gesparten zukünftigen Fluktuationskosten eingeschätzt werden. Für eine detaillierte Beschreibung hat Mühlbauer (2017) ein praxisorientiertes Umsetzungsmodell ausgearbeitet, das jeden dieser Schritte anschaulich erklärt.

Intelligente Technologie und insbesondere Verfahren des maschinellen Lernens samt der oben beschriebenen Unterformen eignen sich zur Analyse komplexer Datenstrukturen in allen Kontexten. Häufig wird bei maschinellem Lernen für Analysezwecke zwischen Anwendungen für Empfehlungen, zur Klassifikation, Regression, zum Clustering und zur Erkennung von Anomalien unterschieden:

- **Empfehlungen** nutzen Algorithmen, die erlernen, welche Inhalte einer Gruppe von Nutzer*innen zusagen. Basierend darauf werden neue Inhalte vorgeschlagen, die zu den bisherigen Verhaltensweisen der Nutzer*innen passen (z. B. Produktvorschläge).
- **Klassifikation** bezeichnet Algorithmen, die erlernt haben, verschiedene Inhalte bestimmten Kategorien zuzuordnen (z. B. Spamfilter).
- **Regression** umfasst Verfahren, die zur Vorhersage einer interessierenden Variable auf Basis einer Sammlung von Informationen über verschiedene andere Variablen eingesetzt werden (z. B. Wettervorhersage).
- **Clustering** beschreibt Algorithmen, die Inhalte anhand von Gemeinsamkeiten in trennscharfe Gruppen einteilen (z. B. Kundengruppen).

- **Erkennung von Anomalien** beinhaltet Algorithmen, die in einer Menge an Daten ungewöhnliche, deutlich abweichende Inhalte identifizieren können (z. B. Erkennen von Cyberattacken).

Einige Beispiele für die mögliche Verwendung der Grundformen maschinellen Lernen entlang des typischen Mitarbeiter*innenpfads sind in Tab. 2.1 zusammengestellt.

Durch intelligente Technologie wird sich das zukünftige Arbeiten vor allem durch die deutliche Verbreitung von „Embedded Analytics" (Attaran und Attaran 2019) und „Decision Intelligence" (Cassie) verändern. Ersteres bedeutet, dass zukünftige Arbeitsprozesse durch intelligente Technologie in Echtzeit mithilfe der fortlaufend entstehenden Datenmengen ausgewertet werden. Zweites bedeutet, dass die jeweiligen Analyseergebnisse, von deskriptiven bis präskriptiven Ergebnissen, sich in den Live-Dashboards der Entscheidungsträger*innen kontinuierlich aktualisieren. Manager*innen zukünftiger Arbeitswelten stehen vor zwei möglichen Szenarien. Entweder sie treffen ihre Entscheidungen auf Basis von Erfahrungswissen und einer

**Tab. 2.1** Beispiele für den Einsatz von maschinellem Lernen in HR

| ML-Verfahren | Phasen des Mitarbeiter*innenpfads | | |
| --- | --- | --- | --- |
| | Talentakquise | Talententwicklung | Talentbindung |
| Empfehlung | Interessante Profile empfehlen | Passende Trainings oder E-Learnings | Passende Benefits und Vergütungsformen |
| Klassifikation | Passende Bewerber*innen pro Stelle | Online-Lerner vs. Präsenzlerner | Bleiber vs. Geher |
| Regression | Erfolgsprognose einer Stellenausschreibung | Diversitätsprognose im Management | Bleibewahrscheinlichkeit von Talenten |
| Clustering | Persona-Analysen unter Bewerber*innen | Fähigkeitsprofile gruppieren | Hybrid-, Remote-, Präsenzvorlieben |
| Anomalie-Erkennung | Gefälschte Zertifikate und Zeugnisse | Besondere Fähigkeiten identifizieren | – |

maßgeschneiderten Live-Analyse aller verfügbaren relevanten Daten. Oder die intelligenten Technologien sind so fortgeschritten, dass Analytics eine vollständig automatisierbare Routinetätigkeit geworden ist. Im letzteren Fall umfasst die Rolle der Manager*innen zum überwiegenden Anteil zwischenmenschliche und soziale Tätigkeiten. Die wirkliche analytische Revolution liegt darin begründet, dass beide Szenarien zutreffen. Es sind eher aufeinander folgende Stadien desselben KI-basierten technologischen Wandels. In naher Zukunft werden Manager*innen ihre Entscheidungen mit immer schlagkräftigeren Analysen untermauern. Aus diesen Analysen entsteht über eingebettete Analytik und die dokumentierten jeweiligen Entscheidungsfolgen ein riesiger Trainingsdatensatz zu Führungseffizienz und -effektivität. Auf Basis solcher Datensätze werden Algorithmen des maschinellen Lernens trainiert, schlagkräftige Führungsentscheidungen zu erkennen und über die Zeit zu erlernen. In der langen Frist werden diese intelligenten Technologien eine Vielzahl von Führungsentscheidungen autonom vorbereiten oder, je nach geltenden Grenzen der Datenschutz- und Privatheitsgesetze, ausführen. Während die intelligente Automatisierung also operative Prozessabläufe zu übernehmen erlernt, wird die Analytik den Menschen in der Entscheidungsfindung ergänzen. Daher wirkt sich die KI-basierte Analytik auf die strategische Dimension oder Effektivität zukünftiger Arbeit aus.

Das heutige Problem der mangelnden Daten als lediglich brüchige Grundlage jeglicher Entscheidungen im Arbeitsalltag wird vollständig verschwinden. Doch eine neue Herausforderung tritt an ihre Stelle. Die Feinjustierung der Entscheidungsunterstützung durch intelligente Technologie ist eines der großen Probleme der Arbeitswelt der Zukunft. Erstens gilt es zu entscheiden, bei welchen Entscheidungen wir bewusst keine intelligente Technologie einsetzen wollen. Zweitens gilt es zu verstehen, wie die jeweilige Technologie zu ihrer Einschätzung gelangt. Drittens müssen die Ergebnisse der Analytics-Prozesse im Kontext der sozialen und politischen Struktur moderner Unternehmen sinnvoll umgesetzt werden.

Ein wesentlicher Teil der aktuell gesungenen Lobeshymnen auf die KI-Revolution muss trotz allen Technologieoptimismus als Mythos bezeichnet werden. Maschinelles Lernen ist im Kern Statistik, deren

Formeln teilautomatisiert in verschiedenen Anwendungsfeldern genutzt werden. Das bedeutet aber auch, dass es eine Reihe potenzieller Fehler in der statistischen Analyse von Daten gibt, die sich auch durch die Verwendung von sehr futuristisch klingenden Algorithmen nicht völlig abstellen lassen. Daher sind Verkaufsversprechen wie „faire Entscheidungen durch KI" oder „gerechtes Recruiting durch Big Data" mit deutlicher Vorsicht zu genießen. Allerdings ist eine vollständige Abwesenheit von Entscheidungsfehlern ja gar nicht der Benchmark für den Einsatz von KI-basierten Analysetools. Die Technologie muss im jeweiligen Fall ja nur etwas besser entscheiden als der Mensch oder gemeinsam mit dem Menschen zu einer dem Menschen überlegenen Entscheidung kommen. Malone (2018) zeigt eine Reihe von Beispielen, wie Menschen sinnvoll durch intelligente Technologie bei der Entscheidungsfindung unterstützt werden können. Die sogenannte Mensch-Maschine-Kooperation kann, richtig aufgesetzt, zu einer Superintelligenz führen, die weder der Mensch noch die Technologie alleine zu erreichen imstande gewesen wären.

## 2.2 Plattform-basierte Ökosysteme: Netzwerkaspekte der zukünftigen Arbeit

Hinter einer zunehmenden Anzahl sehr erfolgreicher Unternehmen stehen digitale Plattformen. Plattform-basierte Ökosysteme beschreiben „eine Gruppe von interagierenden Firmen, deren Aktivitäten aufeinander angewiesen sind" (Jacobides et al. 2018). Diese gemeinschaftlichen Aktivitäten sind viel umfangreicher, vielseitiger und oft sind die Grenzen auch fluider als bei traditionellen Partnerschaften zwischen Firmen (Williamson und De Meyer 2012). Unternehmen haben einen sehr validen Grund, im Kontext von Plattformen kooperativer zu arbeiten. Die komplexen Produkte und Dienstleistungen bedürfen einer Vielzahl verschiedener Fähigkeiten und Wissensbausteine, die selten innerhalb einer Firma vorliegen. Insbesondere der Druck, sich in aller Regelmäßigkeit über Innovationen neu zu erfinden, veranlasst Firmen, sich mehr als ein Teil eines Industrie-übergreifenden „Business

Ecosystems" zu sehen (Moore 1993). James Moore gilt als Vater des Plattform-Gedankens und betont, dass in einer Plattform-Ökonomie die verschiedenen Ökosysteme und nicht die einzelnen Unternehmen in Konkurrenz stehen.

Ein gutes Beispiel ist die Produktplattform von Microsoft 365. Microsoft bietet vielen Unternehmen die Möglichkeit, innerhalb ihrer Plattform technische Applikationen zu entwickeln. So können andere Firmen ihre digitalen Produkte z. B. mit der Kommunikationslösung Microsoft Teams verknüpfen und über den integrierten App Store anbieten. Microsoft Azure bietet ebenfalls eine Softwareumgebung, mit deren Hilfe verschiedenste technische Ziele (z. B. Administration von Servern, Verwaltung von Zugriffsrechten) für andere Softwareprodukte erreicht werden können. Das Microsoft-Ökosystem steht in Konkurrenz zum Ökosystem von Apple, IBM, Intel oder Google.

Es ist wichtig zu verstehen, wie fluid die Grenzen dieser Ökosysteme sein können. Der Technologiekonzern Meta betreibt selbst eine Plattform für verschiedene soziale Medien (z. B. Instagram, WhatsApp, Facebook). Die Apps dieser sozialen Medien werden wiederum auf den Plattformen der Betreiber großer Betriebssysteme für mobile Endgeräte angeboten (z. B. iOS von Apple oder Android von Google). Google hat eine Zeit lang mit Google+ selbst ein soziales Netzwerk betrieben. Apple betreibt mit iMessage ebenfalls einen Nachrichtendienst für mobile Endgeräte und steht damit in Konkurrenz zu WhatsApp. Das Apple-Universum umfasst auch ein Streaming-Angebot für Filme, wodurch es mit Amazon, Disney, Netflix, YouTube (Google) und weiteren Plattformanbietern in Konkurrenz steht. Alle zuvor genannten Unternehmen haben auch Apps, die wiederum auf den bereits genannten Betriebssystemen für mobile Endgeräte laufen.

Insbesondere die digitale Plattform-Ökonomie ist im Leben unzähliger Menschen präsent. Das zeigt die Liste von Shelley Walsh (2022) auf, in der die zehn größten Social-Media-Plattformen nach Anzahl ihrer monatlichen aktiven Nutzer*innen aufgeführt sind (siehe Tab. 2.2).

In der Liste der 500 erfolgreichsten Unternehmen nach Umsatz (Fortune 500 Global) finden sich im Juni 2022 eine Vielzahl von Plattformunternehmen. Darunter befinden sich u. a. bekannte Namen, wie:

**Tab. 2.2** Die 10 größten Social-Media-Plattformen

| Rang | Name | Monatliche Nutzer*innen | Umsatz | Gründung | HQ |
|---|---|---|---|---|---|
| 1 | Facebook | 2,9 billion | $ 85,96 billion | 2004 | Menlo Park, CA |
| 2 | YouTube | 2,2 billion | $ 28,8 billion | 2005 | San Bruno, California |
| 3 | WhatsApp | 2 billion | $ 5,5 billion | 2009 | Menlo Park, California |
| 4 | Instagram | 2 billion | $ 24 billion | 2010 | Menlo Park, CA |
| 5 | TikTok | 1 billion | $ 11 billion | 2016 | Culver City, CA |
| 6 | Snapchat | 538 million | $ 1,06 billion | 2011 | Los Angeles, CA |
| 7 | Pinterest | 444 milllon | $ 575 million | 2005 | San Francisco, CA |
| 8 | Reddit | 430 million | $ 289,9 million | 2010 | San Francisco, CA |
| 9 | LinkedIn | 250 million | $ 12,4 billion | 2006 | San Francisco, CA |
| 10 | Twitter | 217 million | $ 5.42 billion | 2003 | Mountain View, CA |

- Amazon (**Rang 2,** 470 Mrd. US-Dollar Umsatz),
- Apple (**Rang 7,** 366 Mrd. US-Dollar Umsatz),
- Alphabet (**Rang 17,** 258 Mrd. US-Dollar Umsatz) oder
- Microsoft (**Rang 33,** 168 Mrd. US-Dollar Umsatz).

Plattformen unterscheiden sich auf verschiedene Weise von klassischen Unternehmen. Die meisten Plattformunternehmen produzieren keine physischen Produkte. Sie bieten meistens digitale Produkte an. Diese digitalen Produkte unterscheiden sich zusätzlich darin, dass sie, wie der Name schon sagt, eine Plattform sind oder auf dieser angeboten werden. Die oben aufgezählten Social-Media-Plattformen bieten ihren Nutzer*innen eine digitale Umgebung, innerhalb derer Interaktionen zwischen den Nutzer*innen möglich werden. Googles Suchzeile ist eine

Plattform, weil sie Nutzer*innen die Umgebung bietet, um Antworten auf ihre Suchanfragen zu finden. Zugleich ermöglicht Google Unternehmen, als Antwort auf eine Suchanfrage gelistet zu werden (organisch oder bezahlt). Das Kernkriterium zur Unterscheidung von digitalen Plattformen und klassischen Geschäftsmodellen ist genau diese Verknüpfung. Das auch als **„Matchmaking"** (Evans und Schmalensee 2016) bezeichnete Zusammenbringen von mindestens zwei aneinander interessierten Nutzer*innengruppen ist das Hauptmerkmal einer Plattform. Sie zeichnen sich anfangs durch den Fokus auf eine Kerninteraktion zwischen den jeweiligen Gruppen von Nutzer*innen aus. Tab. 2.3 umfasst ein paar Beispiele für Plattformunternehmen und ihre Kerninteraktion.

Die meisten eben aufgezählten Plattformen haben als **zweiseitige Plattformen** begonnen. Das bedeutet, dass der Plattformanbieter (z. B. Facebook) eine nicht weiter differenzierte Gruppe von Nutzer*innen mit der Möglichkeit zur Interaktion versorgt. Das Unternehmen WhatsApp (heute ebenfalls Teil des Meta-Konzerns) ist für sich genommen bis heute eine zweiseitige Plattform. WhatsApp bietet die Plattform, auf der alle Nutzer*innen interagieren. Viele der heutigen Plattformen sind **mehrseitig**. Das bedeutet, dass sie zwei verschiedene Seiten eines Marktes miteinander verbinden. Fahrer*innen und Fahrgäste sind zwei Seiten des Marktes für Fahrdienstleistungen.

**Tab. 2.3** Kerninteraktionen ausgewählter Plattformunternehmen

| Plattformunternehmen | Ursprüngliche Kerninteraktion |
|---|---|
| Google | Verbindung von Suchanfragen mit Suchergebnissen |
| Amazon | Verbindung von Buchkäufer*innen mit Buchanbieter*innen |
| Uber | Verbinden von Kund*innen und Anbieter*innen von Taxi-Fahrten |
| TikTok | Verbinden von Kreativen und Werbetreibenden mit Konsument*innen |
| Apple | Verbindung von Softwareentwickler*innen und Kund*innen im App Store |
| GitHub | Verbindung von Softwareentwickler*innen untereinander zur Kooperation an Projekten |
| Fiverr | Verbindung von Freiberufler*innen mit Kund*innen |

Der Anbieter der Plattform gilt dann als dritte Seite. Allerdings gibt es auch **vielseitige Plattformen,** auf denen mehr als zwei Seiten eines Marktes miteinander interagieren. Facebook ist mittlerweile eine solche mehrseitige Plattform. Das soziale Netzwerk verbindet eine große Gruppe von Nutzer*innen untereinander. Zusätzlich verbindet es die Nutzer*innen mit Erzeuger*innen von Content, werbetreibenden Unternehmen, politischen Institutionen sowie Non-Profit- und Non-Government-Organisationen.

Das Erfolgsgeheimnis von Plattformunternehmen gründet auf den inhärenten **positiven Netzwerkeffekten.** Anders als bei klassischen Unternehmen mit eher linearen Wertschöpfungsketten, steigt der Wert einer Plattform für alle Nutzer*innen durch jeden weiteren Nutzenden. Ein Nachrichtendienst wie WhatsApp wird für jeden Nutzenden attraktiver, wenn möglichst viele ihrer direkten Kontakte ebenfalls die gleiche Nachrichtenplattform nutzen. Durch diese Netzwerkeffekte kann eine Plattform für alle Personen, die noch keine Nutzer*innen sind, annähernd unumgänglich werden. Diese Netzwerkeffekte sind entweder direkter Natur oder indirekter Natur. Im ersteren Fall ist der Nutzenzuwachs einer Person direkt abhängig von der Nutzung durch die anderen Nutzer*innen derselben Gruppe (z. B. WhatsApp). Im letzteren Fall ist der Nutzen jedes aktuellen oder neuen Nutzenden einer Gruppe (z. B. Fahrer*innen bei Uber) von der Größe und dem Nutzungsverhalten einer anderen Gruppe abhängig (z. B. Kund*innen bei Uber). Indirekte Netzwerkeffekte entstehen nur bei mehrseitigen Plattformen und können auch negativ sein. Ab einer gewissen Menge an Werbetreibenden (Nutzer*innen Gruppe 1) entsteht den Nutzer*innen einer Social-Media-Plattform ein negativer Nutzen aus jedem weiteren Werbetreibenden (Stichwort: Spam). Die Vielzahl der Werbenachrichten und Einblendungen schmälert dann das Nutzungserlebnis anderer Gruppen. In Abhängigkeit dieser positiven direkten oder indirekten Netzwerkeffekte kann sich das Wachstum von Plattformunternehmen durch sogenannte Mitläufereffekte rasant beschleunigen. Die enorme Größe, gemessen an der Anzahl monatlich aktiver Nutzer*innen (Tab. 2.2), mancher Plattformunternehmen zeigt deren Potenzial im Vergleich zu klassischen Unternehmensformen.

Allerdings zeigen Evans und Schmalensee (2016) auf, dass diese Potenziale aber auch durch zentrale Herausforderungen eingeschränkt werden können. Die wichtigste Herausforderung ist das **Henne-Ei-Problem** und es hängt direkt mit den oben beschriebenen Netzwerkeffekten zusammen. Es besagt grundsätzlich, dass Plattformanbieter vor der Aufgabe stehen, die verschiedenen Gruppen von Nutzer*innen für die aktive Teilnahme an der Plattform begeistern zu müssen. Leider beruht der Nutzen einer Plattform jeder Nutzer*innengruppe auf der bereits erfolgten Teilnahme der anderen Nutzer*innengruppen. Eine Fahrdienstplattform ist für Fahrer*innen nur vielversprechend, wenn es bereits ausreichend potenzielle Fahrgäste gibt. Zugleich ist die gleiche Plattform für Fahrgäste nur interessant, wenn bereits eine hohe Anzahl von Fahrer*innen vorhanden ist. Zugleich ist es für Fahrer*innen nicht so attraktiv, wenn bereits zu viele Fahrer*innen auf der Plattform angemeldet sind. Und wenn bereits zu viele Fahrgäste registriert sind, ist die Plattform für weitere Fahrgäste mangels ausreichender Versorgung mit Fahrer*innen nicht relevant genug. Das Wachstum einer Plattform hängt also nicht nur von der Lösung des Henne-Ei-Problems ab, sondern auch noch von der sorgfältigen Balance zwischen den Nutzenden auf den verschiedenen Marktseiten.

### 2.2.1 Die Business-Modelle hinter der Plattform-Ökonomie

Es ist keine Überraschung, dass Plattformen meist auch Unternehmen sind. Und Unternehmen wollen Umsätze und, besser noch, Gewinne erzielen. Dazu ist es wichtig, die Plattform selbst zu monetarisieren. Mittels qualitativer Inhaltsanalyse untersucht Meier (2019) die verschiedenen Möglichkeiten der Monetarisierung für Plattform-basierte Unternehmen. Die meisten digitalen Plattformen generieren ihre Umsätze über mindestens einen der folgenden Wege.

Die erste Form der Monetarisierung ist die **Zulassungsgebühr.** Das bedeutet, dass der Anbieter der Plattform von manchen oder allen Nutzer*innen eine Gebühr verlangt, um an den Interaktionen auf der

Plattform teilnehmen zu können. Die Zulassungsgebühr kann auch nur einseitig von einer bestimmten Nutzer*innengruppe erhoben werden.

Die zweite Form der Monetarisierung ist die **Transaktionsgebühr**. Hierbei wird eine meistens anteilige Gebühr auf jede Transaktion zwischen Nutzer*innen der Plattform erhoben. Es ist ebenfalls möglich, dass die Transaktionsgebühr nur auf bestimmte Interaktionen begrenzt ist.

Die dritte Möglichkeit ist der **Verkauf von Nutzer*innendaten** an Dritte. Nutzer*innen der Plattform legen Profile auf der Plattform an, die verschiedenste personenbezogene Daten umfassen, und hinterlassen im Verlauf der Nutzung der Plattform weitere Daten über ihr Verhalten (z. B. Likes und Klicks). Diese Daten können an andere Parteien auf der Plattform verkauft werden (z. B. Unternehmen), um dann ihre Werbung gezielter an potenzielle Interessenten auszuspielen. Viele Plattformen, deren Hauptdienstleistung gebührenfrei angeboten wird, nutzen diese Form der Monetarisierung.

Eine weitere Möglichkeit der Monetarisierung ist der regelmäßige **Mitgliedsbeitrag** oder die Lizenzgebühr. In diesem Fall wird von den Nutzer*innen fortlaufend eine zuvor festgelegte Nutzungsgebühr verlangt. Für die Dauer der Vertragslaufzeit erhalten die Nutzer*innen gegen Zahlung dieser Gebühr Zugang zur Plattform. Eine häufige Sonderform des Mitgliedsbeitrags ist das sogenannte **Freemium**. Dabei werden bestimmte Angebote oder Dienstleistungen der jeweiligen Plattform kostenlos zur Verfügung gestellt.

Eine fünfte Form der Umsatzerzeugung ist der **direkte Verkauf von Produkten und Dienstleistungen** durch den Plattformbetreiber. Dieser stellt nicht nur die jeweilige Plattform zur Verfügung, sondern nutzt die Verhaltensprofile der Nutzer*innen dazu, passgenaue Zusatzangebote zu präsentieren. Diese Angebote sind dann keine Produkte oder Dienstleistungen anderer Unternehmen, sondern umfassen eine eigene Produktpalette.

Manche Plattformunternehmen kombinieren auch verschiedene Formen der Monetarisierung. Eine Plattform könnte z. B. Freemium-Angebote umfassen, bei deren Nutzung dann aber die Daten der Freemium-Mitglieder*innen an Dritte verkauft werden. Manchmal, insbesondere bei Plattformen für kreative Digitalprodukte (z. B. Canva), werden bei den Erzeugnissen von Freemium-Nutzer*innen Wasserzeichen des Plattform-Brandings eingeblendet. Es kann auch sein, dass Plattformunternehmen zu verschiedenen Zeiten ihrer Entwicklung verschiedene Monetarisierungsstrategien wählen. Die Nutzung einer Plattform mag anfangs kostenlos sein, um möglichst schnell eine kritische Masse an Nutzer*innen anzuziehen. Zu einem späteren Zeitpunkt können dann kostenpflichtige Plattformfeatures hinzukommen oder eine andere Nutzer*innengruppe trägt die Hauptlast über eine Zugangs-, Transaktions- oder Nutzungsgebühr.

Noch vor der direkten Monetarisierung einer Plattform sind zwei zentrale Elemente für deren erfolgreiche Entstehung essenziell. Erstens ist es sehr hilfreich, wenn in dem anvisierten Markt sogenannte **Transaktionskosten** vorliegen (Coase 1937). Zweitens spielen die **soziale Einbettung** ökonomischer Transaktionen (Granovetter 1985) und insbesondere die **Abwesenheit von Vertrauen** (Fehr 2008) eine entscheidende Rolle für die Erfolgsaussichten einer digitalen Plattform. Grundsätzlich lässt sich festhalten, dass Plattform-basierte Unternehmen immer dann einen Vorteil haben, wenn die bisherige Marktlösung eines Problems zu extrem hohen Kosten der Interaktion oder Information zwischen den Beteiligten führt. Das Festnetztelefon war eine erste Form eines Plattformunternehmens, welches die Kosten des Informationsaustauschs über große Distanzen deutlich senken konnte. Eine digitale Plattform für Gebrauchtfahrzeuge ermöglicht eine Erhöhung der Transparenz über den tatsächlichen Zustand der angebotenen Fahrzeuge und verbessert damit die Vertrauenssituation zwischen den beteiligten Nutzer*innengruppen. Die asiatische Plattform Alibaba konnte durch ihren digitalen Bezahldienst das Vertrauensproblem zwischen weit voneinander entfernten und gegenseitig unbekannten Akteur*innen lösen. Die sehr aufwendige Aufrechterhaltung sozialer Kontakte über Kontinente hinweg wurde durch soziale Medien oder Kommunikationsplattformen deutlich erleichtert. Bei jeder erfolgreichen Plattform kann herausgearbeitet werden, welche zentralen Transaktionskosten verringert wurden und welche Marktfriktionen währenddessen adressiert wurden.

Eine zusätzliche Komponente des Plattform-Ansatzes ist das Ökosystem auf oder im direkten Umfeld der Plattform. In klassischen

Unternehmen wird das als vertikale Integration bezeichnet und bedeutet, dass bisher extern erbrachte Tätigkeiten (z. B. durch Zulieferunternehmen) in das eigene Leistungsportfolio aufgenommen werden. Digitale Plattformen funktionieren etwas anders. Die Integration von potenziellen Partnern erfolgt über den direkten Anschluss an die Plattform. Apple bietet mit iOS z. B. eine Softwareplattform an, für die Partner Applikationen programmieren können und diese dann darüber anbieten. Dazu durchlaufen die Applikationen einen sehr detaillierten Prüfungsprozess der technischen Details und verwendeten Daten sowie der grafischen Nutzer*innenoberfläche. Bei erfolgreichem Ergebnis dieser Prüfung erfolgt die Freigabe und Apple wird als Plattformanbieter in Form verschiedener Monetarisierungen am Erfolg der angebotenen Apps beteiligt.

Anhand der möglichen Monetarisierungen für eine mehrseitige Plattform wird deutlich, dass diese sich als Strategien eignen, um das Henne-Ei-Problem zu lösen. Ein entscheidender Unterschied zu klassischen Unternehmen ist, dass es für eine Plattform sinnvoll sein kann, das Produkt unter Selbstkosten anzubieten. Beispielsweise ist der Zugang zu Facebook für die meisten Nutzer*innen kostenlos. Das bedeutet, dass das Unternehmen Meta für die Bereitstellung der Plattform bei jedem Nutzenden nicht kostendeckend arbeitet. Allerdings ist die Nutzung von Facebook für Werbetreibende nicht kostenlos. Und die Werbeeinnahmen aus der einen Seite der Plattform reichen aus, um die andere Seite der Plattform zu subventionieren. Zugleich ist es eben ein sehr gutes Argument zur Rekrutierung neuer Nutzer*innen, wenn die Nutzung kostenlos ist. So kann die eine Marktseite stark wachsen, was dann wiederum die Werbetreibenden anreizt, die Plattform zu nutzen.

### 2.2.2 Plattform-Implikationen für das HR und Arbeiten der Zukunft

Wenn wir das Plattformmodell auf den Kontext der Arbeit anwenden, dann lässt sich eine Vielzahl potenzieller Ansatzpunkte definieren.

Der erste Aspekt ist das **digitale Arbeiten.** Intelligente Technologie wird die Inhalte der Arbeit auf Tätigkeitsebene verändern (siehe Abschn. 2.1). Die Plattformen werden die neuen Tätigkeiten zunehmend digitalisieren und zugleich einen virtuellen Ort für deren Erbringung anbieten.

Der zweite Aspekt ist die **Auflösung der bisher bekannten Unternehmensgrenzen.** Plattformen werden ermöglichen, dass Firmen für bestimmte Tätigkeitsfelder ihre Mitarbeiter*innen bündeln können. Zugleich wird es wahrscheinlicher, dass einzelne Personen mit dringend benötigten Fähigkeiten gleichzeitig für mehrere Unternehmen arbeiten. Daher ist es sehr wahrscheinlich, dass sich die sogenannte Gig Economy ausweiten wird.

Der dritte Aspekt ist die **Demokratisierung der Arbeit.** Beruflicher Erfolg hängt heute noch stark davon ab, wo und unter welchen Bedingungen eine Person aufwächst. Mit der zunehmenden Verbreitung der schnellen Internetverbindungen werden Menschen überall auf der Welt an der digitalen Ökonomie teilnehmen. Auf digitalen Plattformen können sie:

- alle erdenklichen Fähigkeiten großenteils kostenlos erlernen.
- sich mit Vorbildern vernetzen und austauschen.
- in digitalen Communities und Netzwerken in Echtzeit sichtbar sein.
- sich themenspezifisch als Vordenker*innen positionieren.
- ihre Dienstleistungen vermarkten und erbringen.

Daraus ergibt sich eine völlig neue Herausforderung für die Personalabteilungen von Unternehmen. Mit dem Wachstum digitaler Plattformen ist Arbeit ist kein bestimmter physischer Ort mehr. Wenn weite Teile der heutigen Mitarbeiter*innen keine festen Angestellten mehr sind, wird das Management des Personals auch ein anderes Business Model benötigen. Wie bereits beschrieben ist ein Kernattribut erfolgreicher Plattformmodelle **die Schaffung von Vertrauen.** Die Förderung dieses Vertrauens zwischen Plattformteilnehmer*innen und die Gestaltung der sozialen Einbettung ihrer Interaktionen werden in den Mittelpunkt personalwirtschaftlicher Aufgaben gerückt. Es ist eine spannende Implikation, dass durch die zunehmende Technologisierung mittels digitaler Plattformen der zwischenmenschliche Aspekt der Arbeit an Wichtigkeit gewinnen wird. Erneut, wie bereits bei den Implikationen der maschinellen Revolution (Abschn. 2.1), folgt eine Notwendigkeit zur stärkeren Ausrichtung zukünftigen Personalmanagements auf zwischenmenschliche Aspekte der Arbeit.

## 2.3 Die Crowd: Kooperative Aspekte zukünftiger Arbeit

> Ein Zitat begleitet die dritte Komponente des Wandels zur zukünftigen Arbeitswelt: „Man hat Arbeitskräfte gerufen, und es kommen Menschen" (Max Frisch).

Es gibt unzählige Modelle zur Rolle des Menschen in oder im Umfeld von Organisationen. Ein weitverbreitetes Denkmuster ist die verhaltensbasierte Organisationstheorie (Simon 1955; March und Simon 1993; Cyert und March 1963). Dieses Modell versteht Organisationen als Ort kollektiven menschlichen Verhaltens, das im Wesentlichen durch die Aneinanderreihung menschlicher Entscheidungen gekennzeichnet ist. Im Kern geht diese Theorie davon aus, dass Menschen begrenzt rational handeln, und entwickelt damit Modelle der neoklassischen Ökonomik weiter. Es wird angenommen, dass Menschen sich nicht immer so verhalten, als wollten sie ihren individuellen Nutzen maximieren. Das liegt vor allem daran, dass Menschen nicht immer alle Informationen haben, die für optimales oder streng rationales Verhalten notwendig sind. Das wiederum beruht vor allem auf den Grenzen der menschlichen Wahrnehmung und Verarbeitung von Informationen aus dem jeweiligen Umfeld. Der Grundgedanke der verhaltensbasierten Organisationstheorie ist faszinierend. Organisationen existieren nicht unabhängig von Menschen, sondern Menschen organisieren sich. Sie koordinieren ihr Verhalten und arbeiten zusammen (Leistung), um verschiedene Produktionsfaktoren (Inputs) zu Produkten und Dienstleistungen (Outputs) zu kombinieren. In keiner Organisation erfolgt dieser Leistungsprozess perfekt. Die Frage ist lediglich, welche Organisation den Output schnellstmöglich so erstellt, dass die Bedürfnisse der Kunden möglichst umfassend befriedigt werden. Wenn alle Inputfaktoren nahezu identisch sind, liegt der Wettbewerbsvorteil eines Unternehmens ausschließlich in der Effizienz und Effektivität der menschlichen Informations-, Entscheidungs- und Kooperationsprozesse begründet.

Individuelle menschliche Leistung in Organisationen wird häufig anhand von drei zentralen Dimensionen erklärt. Menschen liefern bei der Arbeit ein jeweiliges Leistungsniveau ab, weil sie ihre **Fähigkeiten** (Abilities) und ihren **Leistungswillen** (Motivation) kombinieren. Dies tun sie im Rahmen der herrschenden **Leistungsbedingungen** (Opportunity) am Arbeitsplatz (Boxall und Purcell 2011). Die individuellen Leistungen in Organisationen basieren auf diesen AMO-Faktoren und kombinieren sich über die Zusammenarbeit der Menschen zu einem kollektiven Leistungsniveau (z. B. der Unternehmensleistung). Dieses Leistungsniveau, in Gestalt von Produkten und Dienstleistungen, bestimmt, in Abhängigkeit der Kräfte des Organisationsumfelds, das ökonomische Leistungsergebnis der jeweiligen Organisation.

Auf dem Weg in die Zukunft verändern sich die menschlichen Aspekte der Arbeit deutlich. Im Zentrum dieses Trends steht eine wichtige Entwicklung – der Rückgang der Industriearbeit. Laut dem US-amerikanischen Center of Economic and Policy Research (2017) ist der Anteil der Industriearbeiter*innen an der Gesamtzahl aller Erwerbstätigen von ungefähr 30 % (1970) auf ungefähr 13 % (2016) gesunken. Und diese Veränderung ist vor allem darin begründet, dass neu geschaffene Jobs vor allem in den Bereichen der akademischen Berufe geschaffen wurden. Dieser Trend wird sich aufgrund der Technologisierung noch weiter verstärken. Deshalb ist die Art und Weise der menschlichen Zusammenarbeit in Zukunft ebenfalls deutlichen Veränderungen unterzogen. Diese Veränderungen können am besten anhand der drei AMO-Faktoren erklärt werden.

### 2.3.1 Ability – Nicht automatisierbare Fähigkeiten

Die mit **Ability** bezeichnete Komponente des AMO-Modells steht für alle Fähigkeiten von Menschen, die zum jeweiligen Zeitpunkt für eine

Firma arbeiten. Becker (1993) bezeichnet diese Sammlung an nützlichen menschlichen Eigenschaften als Humankapital und meinte damit im Wesentlichen das menschliche Leistungspotenzial. Etwas konkreter ist Humankapital ein Sammelbegriff für die Fähigkeiten, das Wissen und die Fertigkeiten eines Menschen. Diese werden zur Leistungserbringung beim Arbeiten in den verschiedenen Tätigkeiten eingebracht.

In der Zukunft der Arbeit wird eine deutliche Nachfragesteigerung nach sogenannten nicht automatisierbaren Fähigkeiten entstehen. Diese Fähigkeiten können auch solche umfassen, die nicht zu einem sinnvollen Preis automatisierbar sind. Wie in Abschn. 2.1.1 bereits angedeutet, gehören Transferfähigkeiten in diese Kategorie. In seinem Buch „Range" beschreibt Epstein (2019), welchen Vorteil Generalisten zukünftig haben. Die Fähigkeit, erlerntes Wissen auch in anderen, manchmal sogar nicht direkt verwandten Fachgebieten einbringen zu können, fällt Maschinen auf absehbare Zeit noch sehr schwer. Bis zur Entwicklung einer wirklich generell-intelligenten Technologie werden Menschen die operativen Routinetätigkeiten an Maschinen übertragen. Zugleich werden ihre Fähigkeiten des Wissenstransfers stärker gebraucht denn je. Eine solche Fähigkeit ist die Beurteilung über den sinnvollen Einsatz von intelligenter Technologie. Für eine solche Beurteilung ist eine komplexe Analyse verschiedener Teilbereiche der Philosophie, Psychologie, Soziologie, Rechtswissenschaft und Ökonomie nötig. Zudem handelt es sich um eine Abwägungsentscheidung, die je nach Einsatzgebiet neu bewertet werden muss. Das Erkennen und empathische Beurteilen des Technologieeinsatzes ist nur mit menschlichem Fingerspitzengefühl zu meistern.

Darüber hinaus werden die sozialen Fähigkeiten von Menschen an Relevanz gewinnen. In seiner Analyse des US-Arbeitsmarkts kommt Deming (2017) bereits zu dem Ergebnis, dass die Relevanz von sozialen Fähigkeiten in der Zeit von 1980 bis 2012 deutlich zugenommen hat. Dies erklärt sich über eine deutlich stärkere Notwendigkeit zu zwischenmenschlicher Abstimmung bei informationsbasierter Wissensarbeit. Wenn Menschen ihre Ziele bei der Arbeit selten allein, sondern fast ausschließlich als Team erreichen können, reduzieren gute soziale Fähigkeiten die sogenannten Abstimmungs- oder Koordinationskosten. Oder kurz: Sozial fähige Menschen koordinieren sich schneller und besser.

Zugleich muss man bedenken, dass die oftmals nicht kooperativen Routinetätigkeiten zunehmend von Maschinen erledigt werden. Das hat zur Folge, dass die dynamischen und abstimmungsintensiven Tätigkeiten einen höheren Stellenwert bei menschlicher Leistungserbringung einnehmen.

Die soziologische Forschung hat sich mit einer anderen Dimension sozialer Fähigkeiten befasst. Demnach haben Menschen eine unterschiedliche Ausstattung an mehr oder weniger institutionalisierten sozialen Netzwerken, die als deren Sozialkapital bezeichnet werden (Coleman 1988). Es handelt sich um die sozialen Strukturen zwischen Menschen, die deren Zusammenarbeit ermöglichen. Eine Reihe von Studien haben sich bereits mit der ökonomischen Wirkung von Sozialkapital befasst. Eine Zusammenfassung der empirischen Evidenz von Westlund und Adam (2010) findet einen signifikanten positiven Zusammenhang zwischen der Beschaffenheit des vorhandenen Sozialkapitals und dem ökonomischen Erfolg von Unternehmen. Die Engmaschigkeit und Qualität der sozialen Strukturen sind dabei entscheidend.

In der Zukunft des Arbeitens, die in hohem Umfang auf Kooperation zwischen Wissens- und Informationsarbeitenden ausgelegt sein wird, verschiebt sich die Fähigkeitsdimension des AMO-Modells in Richtung sozialer Wissens- und Fertigkeitsbausteine. Die Rolle des Sozialkapitals wird dabei durch die digitale Vernetzung einer globalisierten Gesellschaft deutlich verstärkt. Menschen sind soziale Geschöpfe und von Geburt an auf die möglichst optimale Kooperation ausgerichtet (Lieberman 2013). Diese Fähigkeit zur komplexen Kooperation über verbale und nonverbale Kommunikation ist ein entscheidender Vorteil und erklärt unter anderem den bisher anhaltenden evolutorischen Siegeszug der menschlichen Spezies. Das People Management dieser Zukunft muss sich also ebenfalls diesen neuen Gegebenheiten anpassen. Für die Ability-Komponente bedeutet das: Recruiting- und Auswahlverfahren müssen ihren Fokus von der Identifikation der besten individuellen Fähigkeiten hin zur **Identifikation der geeigneten sozialen Fähigkeiten der Bewerber\*innen** verschieben (Mühlbauer 2016). Zudem können Trainingsmaßnahmen auf die **Verbesserung sozialer Fähigkeiten** ausgerichtet werden, sodass sich das allgemeine Level an sozialen Kompetenzen im Unternehmen über die Zeit erhöht.

Folglich wird sich auch der Fokus der Weiterbildung in Unternehmen verschieben müssen.

## 2.3.2 Motivation – Erfüllung durch funktionierende Teamarbeit

Wenn die von Menschen erbrachte Seite der Wertschöpfung zukünftig vermehrt aus informationsbasierter Wissensarbeit besteht, dann hängt ihr Erfolg zu einem großen Teil von der **Motivation** ab, sich proaktiv für die gemeinsame Sache einzubringen (Bridoux et al. 2011). Die zentrale Herausforderung ist dabei, dass jeder einzelne Mensch Gefahr läuft, für seinen individuellen Anteil am Gesamtergebnis nicht gesehen zu werden. Dies ist insbesondere bei komplexen Kooperationsprozessen oder sehr langen Projektlaufzeiten der Fall. Das sogenannte Trittbrettfahren ist ein Verhalten, bei dem einzelne Menschen in einer Gruppe einen niedrigeren Einsatz als andere Personen bringen und bei Projektabschluss mangels individueller Zuordnung einzelner Leistungsbausteine aber mit der gleichen Anerkennung versehen werden. Diese Menschen haben sich auf den Anstrengungen der anderen Gruppenmitglieder ausgeruht. Daher haben sie mit weniger Aufwand das gleiche Ergebnis erreicht. Bei informationsbasierter Wissensarbeit ist die individuelle Zurechnung einzelner Leistungsbausteine wesentlich schlechter möglich als bei gut zu strukturierenden Routinetätigkeiten. Das ist ja genau der Grund, warum die Letzteren an zunehmend intelligente Maschinen ausgelagert werden und Erstere nicht.

Ausgiebige Forschung hat gezeigt, dass es menschliche Unterschiede bei der Ausprägung dieser prosozialen Motivation gibt (Thielmann et al. 2020). Nicht jeder Mensch erfährt die gleiche intensive Erfüllung in der gelungenen Kooperation mit anderen Menschen. Nicht jeder Mensch fühlt sich im intensiven sozialen Austausch mit anderen Menschen wohl. Die allgemeine prosoziale Neigung variiert vor allem über die verschiedenen Persönlichkeitsdimensionen. Generell haben unzählige Experimentalstudien gezeigt, dass Menschen sogenannte „Conditional Cooperators" sind (Fischbacher et al. 2001). Menschliche Kooperation ist davon abhängig, wie viele andere Personen bereit sind zu kooperieren. Mühlbauer (2016) zeigte sogar, dass sich Menschen im Verlauf einer kooperativen Situation zu unterschiedlichen Zeitpunkten zur Teilnahme an der Aufgabe entscheiden, wenn ihr persönlicher Schwellenwert an bereits kooperierenden Menschen erreicht ist. Zudem zeigte sich in den Studien, dass der Erfolg der Kooperation als Team davon abhängt, wie transparent die Handlungen der anderen Teammitglieder sind.

Die Zukunft der Arbeit wird deutlich davon geprägt sein, dass funktionierende Teamarbeit durch bewusst gestaltete prosoziale Elemente gelingt. Diese Gestaltung muss von den Personalbereichen der Unternehmen begleitet werden. Alle Personalpraktiken der Förderung sozialer Integration und Schärfung des Blicks für die gemeinsame Vision verschiedener Teams werden an Wichtigkeit gewinnen. Diese Maßnahmen sollten vor allem während des Onboardings und zur gezielten Teambildung eingesetzt werden. Eine engere Kooperation zwischen dem Personalmanagement und der Kommunikationsabteilung wird nötig sein, um die Wichtigkeit der geteilten Ziele und gemeinsamen Visionen kooperativer Arbeit deutlicher herauszustellen. Wenn die nicht kooperativen Tätigkeiten zunehmend von intelligenten Maschinen erbracht werden, steht und fällt der Unternehmenserfolg mit dem Level der kollektiven Orientierung aller Mitarbeiter*innen eines Unternehmens. Erfolgreiche Unternehmen werden die mit geringeren Koordinations- und Informationskosten durch bessere Abstimmung innerhalb von und zwischen verschiedenen Teams sein. Diese Abstimmung hängt von der Erzeugung kollektiver Motivation ab. Und diese Motivation wird durch neue Formen von Anreizen, Vergütungspakten und Benefits gefördert werden, die sich nicht mehr nur auf die individuelle Zielerreichung ausrichten.

### 2.3.3 Opportunity – Menschlicher Eigeninitiative Raum geben

Die **Opportunity-Komponente** der Arbeit bezeichnet die äußeren Arbeitsbedingungen, die sich darauf auswirken, inwieweit sich die unterschiedlich fähigen und sozial motivierten Mitarbeiter*innen einbringen können. Diese Dimension beschreibt kurz gesagt, inwieweit der menschlichen Eigeninitiative zur Zielerreichung Raum gegeben wird.

In der von deutlich mehr Kooperation gekennzeichneten Zukunft der Arbeit ist die gestalterische Aufgabe mit der Frage nach den bestmöglichen Bedingungen für Teamarbeit befasst. Rozovsky (2015) beschreibt eine der bekanntesten Studien zur erfolgreichen Teamarbeit. Das Projekt „Aristoteles" von Google ging der Frage nach, welche Faktoren erfolgreiche Teams ausmachen. Die folgenden fünf Faktoren zeichneten im Ergebnis alle erfolgreichen Teams aus:

1. **Psychologische Sicherheit:** Teams, die sich trauen können, Risiken einzugehen, sind erfolgreicher.
2. **Verlässlichkeit:** Teams, die sich auf den erstklassigen Einsatz aller Mitglieder verlassen können, sind erfolgreicher.
3. **Struktur und Klarheit:** Teams, deren Ziele, Rollen und Prozesse klar sind, sind erfolgreicher.
4. **Sinn der Arbeit:** Teams, die an etwas arbeiten, das allen Teammitgliedern persönlich wichtig ist, sind erfolgreicher.
5. **Auswirkung der Arbeit:** Teams, die an etwas arbeiten, das für das Unternehmen wichtig ist, sind erfolgreicher.

Das Personalmanagement der Zukunft steht vor der Herausforderung der gezielten Arbeits- und Prozessgestaltung. Während wir bisher vorwiegend die möglichst optimale Gestaltung der Personalprozesse im Blick haben, wird sich eine Neuorientierung einstellen müssen. Die Neuorientierung ist fundamental und sollte nicht unterschätzt werden. Es geht um nichts weniger als die Gestaltung der „angstfreien Organisation" (Edmondson 2018). Aktuell sind viele Personalabteilungen mit der digitalen Transformation und der Implementierung möglichst schlanker Personalprozesse beschäftigt. Wir haben kaum die nötigen Kompetenzen erlernt, die benötigt werden, um zu Gestalter*innen zukünftiger Arbeitsbedingungen zu werden, die exzellente Teamarbeit ermöglichen. Moderne Formen der Führung und die Schaffung einer zuverlässigen Vertrauensbasis über alle Hierarchieebenen hinweg werden die entscheidenden Komponenten der

Gestaltung sein. Bereits bekannte Maßnahmen, wie Job Sharing, Job Shadowing, Mentor*innenprogramme und die Förderung informellen Zusammenhalts werden an Wichtigkeit gewinnen. Zugleich muss der zunehmend virtuelle oder hybride Kontext der Zusammenarbeit bedacht werden. Zumal aktuelle Studien gezeigt haben, dass virtuelle oder hybride Teams durchaus an Kooperations- und Kreativitätsproblemen leiden (Yang et al. 2022).

Das nachfolgende Kapitel umreißt einen Orientierungsrahmen zur Gestaltung der Smart-Work-Experience als Antwort auf die drei fundamentalen Elemente des zukünftigen Arbeitens. Es umfasst auch eine Reihe von Anwendungsbeispielen für intelligente Technologie entlang des Mitarbeiter*innenpfads. Es dient der Inspiration und soll einen Impuls setzen für die Personalverantwortlichen, die sich pro-aktiv-gestaltend auf den Weg in die Zukunft des People Managements begeben wollen.

# 3
# Smart-Work-Experience – Orientierungsrahmen und Anwendungsbeispiele

In den vorangegangenen Kapiteln ist der wichtige Kontext beschrieben worden, in dem die Umsetzung der Smart-Work-Experience für eine bessere Arbeitswelt der Zukunft stattfinden wird. Die Arbeitswelt befindet sich bereits heute in den Anfängen eines fundamentalen technologischen Wandels (Kap. 1). Die drei Kernelemente der neuen Arbeitswelt umfassen das Maschinelle, das Vernetzte und das Kollaborative (Kap. 2). Mit der Gestaltung einer Smart-Work-Experience für alle Mitarbeiter*innen leitet ein Unternehmen eine bewusste Reise in Richtung zukünftigen Arbeitens ein. Das grundsätzliche Credo ist dabei: Nutze intelligente Technologie an sinnvollen Stellen im kollaborativen Prozess der Teamarbeit zur Gestaltung einer personalisierten Employee Experience.

Doch wie fängt man mit diesem Vorhaben eigentlich an? Der nachfolgende Orientierungsrahmen und die darauf aufbauenden Anwendungsbeispiele unterstützen die Reise hin zur Gestaltung einer Smart-Work-Experience. Der Orientierungsrahmen umfasst sieben grundlegende Prinzipien, an denen jedes Unternehmen die Umsetzung der firmenspezifischen Smart-Work-Experience ausrichten kann (Abschn. 3.1). Diese Prinzipien sind auf das Personalmanagement ausgerichtet und der Rolle, die es in der allgemeinen Gestaltung von Arbeit einnimmt. Sie sollen nicht als direkte Blaupause für die Gestaltung von operativen Arbeitsprozessen per se gesehen werden. Sie können aber als Unterstützung dienen, gemeinsam mit Verantwortlichen für die Primärprozesse ihrer Wertschöpfung (z. B. Vertrieb, Produktion, Logistik, Einkauf) eine Smart-Work-Experience zu erarbeiten. Im Kontext dieser Prinzipien können konkrete Anwendungsbeispiele für technologisch-unterstütztes People Management skizziert werden (Abschn. 3.2). Diese Anwendungsbeispiele dienen als Inspiration für eine unternehmensspezifische Umsetzung der Smart-Work-Experience. Sie sind daher kurz, aber konkret beschrieben und liefern Ansätze für das Weiterdenken im Rahmen einer People-Tech-Strategie.

## 3.1 Gestaltungsprinzipien der Smart-Work-Experience

### 3.1.1 Einfachheit priorisieren!

Eine großartige Nutzer*innenerfahrung basiert auf dem Design einfacher Prozesse und einer intuitiven grafischen Benutzeroberfläche. Über die Zeit schleicht sich unnötige Komplexität in Unternehmen ein. Sie wird meistens durch mangelnde Integration von Unternehmenszukäufen, Wucherungen im Produktportfolio, eine Vielzahl an Prozessmanagementmoden und vielseitige Gewohnheiten der Stakeholder verursacht (Ashkenas 2007). Ein gewisses Maß an Komplexität wird in jedem Unternehmen niemals unterschritten werden. Allerdings gilt es, unnötige Komplexität zu identifizieren und zu vereinfachen. In der strengsten Auslegung bedeutet Einfachheit, dass jeder Prozess zunächst nur die gesetzlich erforderlichen Prozessschritte umfassen sollte. Ein konkretes Beispiel kommt aus dem Bereich Recruiting. Ein Anschreiben ist nicht gesetzlich erforderlich, um sich auf eine offene Position zu bewerben. Ein maximal einfacher Recruitingprozess umfasst daher kein Anschreiben. Die Umsetzung einer Smart-Work-Experience bedeutet also zunächst, dass alle Prozessabläufe des Personalmanagements auf maximale Einfachheit geprüft und angepasst werden.

Ein weiterer Baustein der Einfachheit von eingesetzten digitalen Tools ist eine einheitliche Semiotik (Rousi und Silvennoinen 2018). Das bedeutet, dass die im Verlauf von Prozessen genutzten visuellen und auditiven Elemente über alle Interaktionsmomente mit den Benutzer*innen einheitlich und klar verständlich sein sollten. Die grafische Entsprechung eines „Weiter"-Befehls sollte sich innerhalb der gesamten Technologie-Landschaft nicht widersprechen. Es ist unnötig komplex für einen Nutzenden, wenn für den „Weiter"-Befehl in einem Tool ein „Pfeil nach oben"-Symbol, in einem anderen Tool ein „Play"-Symbol und in einem weiteren Tool ein „Check"-Symbol genutzt werden. Es macht Sinn, wenn Unternehmen sich dafür an Standards wie Unicode orientieren. Es ist absolut hilfreich, auf die Einhaltung solcher Standards bei der Implementierung von Softwaretools zu bestehen. Damit wird die Bildsprache über alle HR-Tech-Tools hinweg vereinheitlicht.

Mit der Priorisierung von Einfachheit optimieren Unternehmen die Endnutzer*innenerfahrung (Experience) und nehmen Rücksicht auf die zeitlichen Ressourcen der Mitarbeiter*innen. Einfachheit hilft ihren Mitarbeiter*innen dabei, ihre kognitiven Kapazitäten auf wichtigere Inhalte ihrer Arbeit zu fokussieren. Zugleich steigert sie den Wiedererkennungseffekt von Prozessabläufen über verschiedene Tools ihrer vorhandenen Technologielandschaft. Das verringert die Trainings- und Einarbeitungszeiten bei internen Stellenwechseln ungemein.

### 3.1.2 Prozessintegrität herstellen!

Das zweite Gestaltungsprinzip der Smart-Work-Experience ist die Sicherung der Integrität definierter Prozessabläufe. Die Herstellung von Prozessintegrität bedeutet die Verhinderung von unautorisierter Abwandelung definierter Prozesse. Integrität bedeutet nicht, dass ein Prozess nicht für verschiedene Zielgruppen leicht differenziert gestaltet sein kann (siehe Abschn. 3.1.5). Es geht vielmehr darum, dass ein definierter Prozessablauf nicht ohne ausreichende Begründung und entsprechende Freigabe variabel und informell abgeändert werden soll. Der Einsatz von Cloud-Technologie hilft vielen Unternehmen bereits heute, diese Prozessintegrität herzustellen. Cloud-Software arbeitet oftmals mit globalen Standardprozessen, die vor der Implementierung des Tools unternehmensspezifisch definiert werden. Nach der Implementierung ist ein solcher Prozess nur noch mit ausreichend guter Begründung und entsprechenden Kosten anpassbar. Eine informelle Abänderung solcher Prozesse durch die Endnutzer*innen lässt Cloud-Software typischerweise nicht zu.

Die Prozessintegrität ist besonders wichtig, wenn Menschen und Maschinen innerhalb von Prozessen kooperieren. Die Auslöser für Übergaben einzelner Prozessschritte zwischen Menschen und Maschinen sind bei hoher Prozessintegrität im Zeitverlauf gesichert. Das garantiert einen reibungslosen Ablauf der Prozesse, was wiederum die Endnutzer*innen entlastet und unnötige Wartezeiten vermeidet. Zugleich sichert die Prozessintegrität auch die Integrität der entstehenden Daten. Eine hohe Datenintegrität minimiert den Korrektur- und Pflegeaufwand in den mit den Prozessen verknüpften Datenbanken und Reports (siehe Abschn. 3.1.6). Darüber hinaus verringert sie die Fehlerhaftigkeit der hinterlegten Prozessdaten, was sich direkt auf die Genauigkeit der mit den Daten trainierten Algorithmen auswirkt. Die Trainingsqualität der Algorithmen bestimmt deren Erfolg im Einsatz bei der intelligenten Automatisierung von Tätigkeitsbündeln.

### 3.1.3 Humane Momente definieren!

Das dritte Gestaltungsprinzip setzt darauf, dass für jeden auf Einfachheit getrimmten und integren Prozessablauf geprüft wird, ob und wann bestimmte Prozessschritte bewusst von Menschen übernommen werden wollen. Dieses Gestaltungsprinzip etabliert die eingangs mit „HR-Touch" bezeichnete bewusste Zwischenmenschlichkeit zukünftiger Arbeitsprozesse. Im Kontext voranschreitenden technologischen Wandels und der damit verbundenen Technologisierung aller Lebensbereiche ist es für jedes Unternehmen wichtig, seine geltenden Normen und Werte auch darüber in den Arbeitsalltag einfließen zu lassen.

Bei der Definition der humanen Momente des zukünftigen Arbeitens geht es nicht direkt um die ethischen oder gesetzlichen Grenzen der Technik (siehe Abschn. 3.1.7). Es geht vielmehr um die bewusste Erhaltung des Zwischenmenschlichen im Arbeitsalltag und die Fortsetzung einer persönlichen Verbindlichkeit zwischen Unternehmen und ihren Mitarbeiter*innen.

Der einfachste Weg, mit der Definition humaner Momente zu beginnen, ist die Suche nach Prozessschritten mit sensiblem Inhalt. Diese mögen je nach Zielgruppe unterschiedlich sein, sind aber oft bereits nach einer kurzen Brainstorming-Session identifiziert. Als Beispiel dient hier das sogenannte Probezeitgespräch. Vor Ablauf der Probezeit nutzen viele Unternehmen die Gelegenheit, mit den jeweiligen Mitarbeiter*innen über den weiteren Verlauf des Beschäftigungsverhältnisses zu sprechen. Die möglichen Szenarien sind relativ simpel und so könnte das Gespräch in Zukunft von einem eigens trainierten virtuellen Assistenten durchgeführt werden. Allerdings handelt es sich um einen Prozessschritt, an dem sich die berufliche Zukunft eines Menschen entscheidend verändern kann – positiv und negativ. Es könnte also ratsam sein, solche emotional aufgeladenen Situationen bewusst ins Zwischenmenschliche zu verlegen und diesen Prozessschritt des Onboardings nicht an eine intelligente Technologie auszulagern. Es könnte aber auch genau wegen der Emotionalität sinnvoll sein, diesen Prozessschritt an einen virtuellen Assistenten zu vergeben, um das Emotionale aus dem Prozess herauszuhalten und eine höhere Sachlichkeit zu gewährleisten. Das Gestaltungsprinzip „Humane Momente definieren!" verlangt lediglich, dass jedes Unternehmen mit Blick auf die gelebte Organisationskultur und die darin kodifizierten Normen und Werte die Prozessschritte definiert, die auch zukünftig durch Menschen erbracht werden sollen, obwohl sie automatisierbar wären.

### 3.1.4 Maschinelle Momente definieren!

Das Gestaltungsprinzip „Maschinelle Momente definieren!" bildet genau die andere Seite des vorherigen Prinzips ab. Dieses Gestaltungsprinzip bildet die eingangs mit „HR-Tech" bezeichnete Dimension der zukünftigen Arbeitswelt ab. Die bereits zur Einfachheit verschlankten und auf Integrität hin definierten Personalprozesse können nach Ausschluss der humanen Momente auf vollständige Automatisierung hin geprüft werden. Hier definieren Unternehmen, an welchen Stellen im Prozessablauf bewusst auf maschinelle Interaktion gesetzt werden soll. Das kann bedeuten, dass Menschen an diesen Stellen mit Software oder virtuellen Assistent*innen kommunizieren. Es kann aber auch bedeuten, dass an diesen Stellen eine direkte Schnittstelle zu anderen Softwaretools geknüpft wird. Ein typisches Beispiel ist die Nutzung von Schnittstellen zu professionellen sozialen Medien im Rekrutierungs- oder Weiterbildungsprozess. Anstelle der manuellen Anlage eines Nutzer*innenprofils in der Recruiting- oder Weiterbildungssoftware wird Nutzer*innen die Möglichkeit gegeben, die Eckdaten ihres bisherigen Berufslebens direkt über eine Schnittstelle in ein professionelles soziales Netzwerk (z. B. LinkedIn) zu übermitteln.

Die Definition solcher maschinellen Momente dient nicht nur zusätzlich der Einfachheit und damit einer positiven Nutzer*innenerfahrung. Unternehmen können den Einsatz intelligenter Technologie auch bewusst nutzen, um einen modernen technischen Stand der existierenden Prozesse zu signalisieren. Bei bestimmten Zielgruppen, die als digital-affin oder technisch versiert gelten, kann dies ein wichtiges Signal sein und dadurch zusätzlich ein positives Image erzeugen. Die Definition maschineller Momente muss allerdings eng mit den grundlegenden ethischen Grenzen (siehe Abschn. 3.1.7) abgestimmt sein. Denn gerade die technisch versierten Zielgruppen können schnell verschreckt werden, wenn intelligente Technologie an Stellen im Prozess eingesetzt wird, die datenschutzrechtlich zwar legal, aber sensibel sind.

## 3.1.5 Personalisierung gestalten!

So sehr unser Wunsch nach Standardisierung auch bestehen mag, die Personalisierung von Personalprozessen ist ein wichtiger Baustein für die Nutzer*innenerfahrung und damit die Smart-Work-Experience. Der Einsatz von intelligenter Technologie wird vielen Mitarbeiter*innen besonders dann als überflüssig empfunden werden, wenn diese

Technologie nicht in der Lage ist, aus dem Verhalten der Personen zu lernen und sich an deren Routinen und Gewohnheiten anzupassen.

Personalisierung beruht auf der Erarbeitung sinnvoller Personas. Diese bezeichnen idealtypische Zusammenfassungen verschiedener Personengruppen, die sich in Kerneigenschaften, Bedürfnissen oder Verhaltensweisen ähneln. Eine solche Personengruppe könnte beispielsweise Eltern sein. Mitarbeiter*innen mit Kindern haben bestimmte Ansprüche an die Ausgestaltung des Arbeitsverhältnisses, Einstellungen zur Priorität von Arbeit im Vergleich zur Relevanz der Familie und zeichnen sich durch andere Routinen im Tagesverlauf aus. Diese Eigenschaften der Personengruppe Eltern sind trennbar von der Gruppe der Mitarbeiter*innen ohne Kinder. Allerdings mögen sie ähnlich sein zu den Bedürfnissen von Mitarbeiter*innen mit zu pflegenden älteren Angehörigen. Die Ausgestaltung einer Smart-Work-Experience ist gekennzeichnet von einer konsequenten Orientierung an den verschiedenen Bedürfnissen aller trennscharf charakterisierbaren Personas im jeweiligen Unternehmen.

### 3.1.6 Daten sammeln und lernen!

Zur Umsetzung sinnvoller Personalisierung und zur Aufdeckung von Beeinträchtigungen der Prozessintegrität sowie der fortlaufenden Optimierung von Prozessen ist ein stetiger Zufluss möglichst aktueller Prozessdaten unerlässlich. Anhand der mit Zeitstempeln versehenen Prozessdaten können Algorithmen Muster in den Vorlieben und Gewohnheiten von Nutzer*innen erkennen und Vorschläge zur Personalisierung oder Anpassung der Personalprozesse machen. Zudem können Algorithmen zur Entdeckung von Anomalien im Prozessablauf eingesetzt werden und so die Prozessintegrität sichern. Das sogenannte Process Mining kann auf einer guten Datenbasis eingesetzt werden, um Engpässe oder Feedbackschleifen in existierenden Prozessabläufen zu identifizieren.

Die kontinuierliche Verbesserung der Smart-Work-Experience wird ohne ein solides Fundament aus möglichst tagesaktuellen und fehlerfreien Prozessdaten nicht funktionieren. Unternehmen vergessen zu häufig, die zur Implementierung vorgesehenen technologischen Lösungen auch auf der Backend-Seite für eine Echtzeitextraktion der darin befindlichen Daten zu optimieren. Jede Applikation ist letztlich nur ein Frontend, eine grafisch aufbereitete Nutzer*innenoberfläche, für eine Datenbank. Die Vorderseite dieser Tools verbessert meistens die Effizienz und Prozessabläufe über eine saubere Digitalisierung. Die Rückseite verbessert die strategische Entscheidungsfindung über die Sammlung, Integration und Auswertung der entstehenden Daten.

### 3.1.7 Ethische Grenzen vorab definieren!

Die Umsetzung der Smart-Work-Experience bedarf der klaren Grenzziehung, welche ethisch-moralischen Grenzen durch den Einsatz von Datenanalysen und intelligenter Technologie nicht überschritten werden sollen. Ein guter Ausgangspunkt sind die legalen Grenzen durch die überregionalen Rahmenverordnungen (z. B. Datenschutz-Grundverordnung in Europa). Über diese rein legalen Grenzen hinaus sollten Unternehmen auch klar definieren, was aus ihrer Sicht nicht legitim ist. Jedes Unternehmen hat im Zeitverlauf mindestens implizite soziale Normen als informelles Regelwerk der Zusammenarbeit entwickelt. Bartneck und Kollegen (2019) haben ein sehr nützliches Ethikkonzept für das technologische Zeitalter definiert. Es verbindet die psychologischen, sozialen, privaten und gesellschaftlichen Anforderungen an humane Technologienutzung. Es ermöglicht Unternehmen, die Fragen der Haftung und Verantwortung der modernen Technologienutzung zu konkretisieren.

## 3.2 Anwendungsbeispiele für eine Smart-Work-Experience

Die nachfolgenden Anwendungsbeispiele erschienen bis vor Kurzem vielleicht noch sehr utopisch. Doch die nun breite Verfügbarkeit der von OpenAI und anderen Akteur*innen erschaffenen

Werkzeuge (z. B. ChatGPT, Bard, Ernie, DALL:E, VALL:E, Midjourney) rücken diese Anwendungsbeispiele deutlich stärker in den Bereich heute bereits möglicher Use Cases. Die Anwendungsbeispiele sind bewusst breit beschrieben und sollen keinerlei konkrete Tools oder existierende Softwareprodukte aktiv anpreisen. Die Beispiele dienen vielmehr der Inspiration und etwaige Überlappungen mit tatsächlich existierenden Produkten sind gänzlich zufällig und unbeabsichtigt. Nutzt diesen Abschnitt, um eure Gedanken in die potenziellen Zukunftsszenarien eurer Personalabteilung schweifen zu lassen. Oder seht sie als Anregung zur konkreten Innovation bestehender Tools.

### 3.2.1 Mensch-Maschine-Kooperation in der Talentakquise

Die Anziehung und erfolgreiche Rekrutierung passender Kandidat*innen ist eine der wichtigsten Funktionen zukünftiger Personalabteilungen. Das liegt vornehmlich darin begründet, dass die Summe der zur Verfügung stehenden Fähigkeiten im jeweiligen Unternehmen direkt über die Talentakquise beeinflusst werden kann. Zugleich ist es die Prozesskette, mit der eine Vielzahl von Personen ihre Erfahrungen machen, sobald sie sich bei dem jeweiligen Unternehmen bewerben oder proaktiv angesprochen werden. Das bedeutet, dass Talentakquise der erste wichtige Stellhebel für die Smart-Work-Experience ist. Ein reibungsloser, zeiteffizienter, technisch begleiteter, freundlicher und wertschätzender Rekrutierungsprozess gibt einen Vorgeschmack auf die bestenfalls hochwertigen Personalprozesse im jeweiligen Unternehmen. Das erklärte Ziel einer zukunftsorientierten Recruiting- und Employer-Branding-Organisation muss es sein, aus Bewerber*innen Botschafter*innen für das Unternehmen zu machen. Und im besten Fall empfehlen sogar die letztlich abgelehnten Bewerber*innen das Unternehmen als potenziellen Arbeitgeber weiter, weil die Smart-Candidate-Experience derart exzellent gestaltet war.

### 3.2.1.1 Fähigkeitsbezogene Zielgruppendefinition

In der nahenden Zukunft der Talentakquise werden Zielgruppen nicht mehr über Berufsgruppen oder Studienschwerpunkte definiert. Es wird nur noch um die Definition der benötigten Fähigkeiten und Wissensbausteine gehen. Es wird vollkommen egal sein, welche genaue formale Ausbildung jemand genossen hat, wenn die vorhandenen Fähigkeiten passen. Zwei Formen der Zielgruppendefinition werden relevant sein. Erstens: Die Zielgruppe der Spezialist*innen in Fachgebieten mit geringem Automatisierungsrisiko ist ein wichtiges Standbein jeder zukünftigen Recruitingstrategie. Zweitens: Die Zielgruppe der Generalist*innen mit Fähigkeiten und Transferwissen in verschiedenen Tätigkeitsbereichen ist eine weitere Komponente zukunftsorientierten Zielgruppendesigns.

Recruitingorganisationen, die sich bereits heute zukunftssicher aufstellen wollen, sollten intelligente Technologie zum Aufbau, Einkauf oder zur Pflege sogenannter *Skill-Ontologien* nutzen. Dabei handelt es sich um relationale Datenbanken, in denen die Beziehungen zwischen verschiedenen Fähigkeitsgebieten und Wissensbausteinen hinterlegt sind. Mithilfe solcher Ontologien ist es möglich, das jeweilig relevante Fähigkeitsuniversum eines Unternehmens abzubilden. Das entscheidende Feature einer solchen Skill-Ontologie ist die explizite Abbildung der Beziehungen zwischen verschiedenen Fähigkeiten. So können nahegelegene Skill-Nachbarschaften abgebildet werden, die es Unternehmen ermöglichen, für den Aufbau eines bestimmten Skills auch in nahegelegenen Skill-Bereichen zu rekrutieren. Intelligente Technologien werden darauf aufbauend dazu genutzt werden, dass Recruiter*innen und Hiring-Manager*innen Fähigkeitsbündel und Suchbegriffe als Teil der technisch unterstützten Zielgruppendefinition vorgeschlagen werden. Eine vorherige Analyse der wahrscheinlich vorliegenden Fähigkeiten und des Wissens der aktuellen Mitarbeiter*innen wird zur Visualisierung relevanter Skill-Gaps im Unternehmen genutzt werden. Unter Einbezug aller Daten zu Personalbudgets, Gehaltsbändern, Altersstrukturen, tagesaktuellen Personalsuchen der Konkurrenzunternehmen und regionalen Besonderheiten werden intelligente Recommendation-Engines detailreiche Zielgruppen vorschlagen. Zugleich wird eine solche Technologie die wichtigsten Faktoren einer möglichst erfolgreichen Ansprache dieser Zielgruppen mitliefern. Denn ein intelligentes Zielgruppentool kennt alle publizierten Ergebnisse wissenschaftlicher Studien und populärer Umfragen zu verschiedenen Zielgruppensegmenten. Doch der Mensch hilft hier auf entscheidende Weise mit. Denn intelligente Maschinen sind auch in naher Zukunft noch blind für die zwischenmenschlichen Feinheiten des Recruitings. Daher braucht es exzellent geschulte Expert*innen für Talentakquise, die die maschinelle Intelligenz mit ihrer Erfahrung füttern.

Ein Beispiel könnte hier sein, dass intelligente Tools datengestützte Recruiting-Personas vorschlagen, die den Recruiter*innen und Sourcer*innen als vorteilhafte Grundlage im Wettbewerb um die besten Talente dienen werden. Zugleich würden simulierte Recruiting- oder Hiring-Szenarien genutzt, um von menschlichen Recruiter*innen eine Einschätzung zu potenziellen Herausforderungen in der Ansprache dieser Personas zu erhalten. Man kann sich das wie eine Art Computerspiel vorstellen, in dem die Rekrutierenden verschiedene hypothetische Bewerber*innen angezeigt bekommen. Auf Basis der Sichtung aller Informationen sprechen die Recruiter*innen ihre spontane Einschätzung zu den wichtigen Faktoren, die bei der Ansprache dieser Personas beachtet werden sollten, ein. So können die Tools zusätzlich zu den bereits gesammelten Daten das Erfahrungswissen menschlicher Recruiter*innen einbeziehen. Ein Abgleich mit den reellen späteren Ansprachen von Personen aus den Zielgruppen und Informationen für den jeweiligen Rekrutierungserfolg ermöglicht eine fortlaufende Optimierung der Persona-Vorschläge durch die intelligenten Tools.

### 3.2.1.2 Interview-Vorbereitungsassistenten

Intelligente Technologie kann in virtuelle Assistenzen gegossen werden, die Bewerber*innen dabei helfen, sich auf anstehende Bewerbungsgespräche vorzubereiten. Dies kann auch als ein Jump-and-Run-Computerspiel mit zu lösenden Rätseln rund um das jeweilige

Unternehmen aufgezogen werden und mittels virtueller Realität (VR) zu einem ganzheitlichen Erlebnis werden. Das KI-basierte Tool könnte anhand aller offiziellen Kommunikationsinhalte eines Unternehmens trainiert werden, den Bewerber*innen Fragen zu stellen, die zur jeweilig anvisierten Rolle und deren Organisationsumfeld passen. Die Quests können in verschiedene Schwierigkeitsgrade eingeteilt werden und z. B. auch als Gruppe mit dem späteren Team gelöst werden. Die Schwierigkeit der Fragen würde sich dann nach der Wichtigkeit der Rolle richten. Die Ergebnisse geben ergänzenden Aufschluss über Bewerber*innen. Sie zeigen die bereits bestehende Identifikation mit dem Unternehmen. Sie geben Einblick in die digitalen Fähigkeiten, sich in einer Spielewelt nativ zu bewegen. Je nach Zielgruppe und ausgeschriebener Position sollten personalisierte Nebenquests oder an den realen Herausforderungen der Position ausgerichtete Sonderchallenges gestartet werden. Diese können dann zusätzlich über Streaming-Plattformen (z. B. Twitch) live ausgespielt werden, um der Nutzung dieser Software auch noch einen Event-Charakter zu verleihen. In Verbindung mit Echtzeitanalysen der Verhaltensweisen und Lösungsstrategien der Spieler*innen werden wertvolle Informationen über die Kandidat*innen oder die Mitglieder eines Talentpools gesammelt. Ein spannender Nebeneffekt sind der Engagement-Effekt und der Spaß, den ein solches Tool auslöst.

### 3.2.1.3 Onboarding-Guide

Alle Neulinge im Job stehen vor der gleichen Herausforderung. Sie müssen sich in begrenzter Zeit bestmöglich im neuen Unternehmen zurechtfinden. Für bestehende Mitarbeiter*innen und Führungskräfte ist die Einarbeitung oft ein Zusatzaufwand und wird in vielen Unternehmen auf eine Checkliste reduziert. Darin arbeiten die neuen Kolleg*innen einzelne Items im Zeitverlauf ab und gelten bei Bewältigung der Liste als eingearbeitet. Im Sinne der Smart-Work-Experience geht das deutlich flüssiger und erlebnisreicher. Eine KI-basierte Technologie könnte in Form eines *Onboarding-Guides* die Einarbeitung neuer Mitarbeiter*innen interaktiv begleiten. Entlang vordefinierter Einarbeitungspfade würde diese Applikation konstant mit den neuen Kolleg*innen im Austausch bleiben. Als Chatbot kann sie Rede und Antwort für alle Fragen stehen. Als virtuelle Assistenz kann das Tool Kick-off-Termine planen und eintragen, offene Fragen sammeln, Vernetzung zu anderen neuen Kolleg*innen einleiten oder virtuelle Standortbegehungen inklusive wichtiger Sicherheitsschulungen anbieten. Der Onboarding-Guide bietet auch Tutorials zur Inbetriebnahme der Technik (z. B. Notebooks, Mobiltelefone, Zugangskarten, Laufwerke, Zugriffsrechte) an. Er durchpflügt die internen sozialen Medien und das Intranet nach Events und Afterwork-Veranstaltungen und holt verpflichtende Unterschriften von den Neuankömmlingen fristgerecht ein. Zudem bereitet der Onboarding-Guide das gewünschte soziale Profil eines Newcomers in Form eines One-Pagers auf. Diese persönliche Infoseite kann dann als Grundlage für Intro-Meetings oder zur Selbstvorstellung in internen sozialen Medien genutzt werden. Das Spannende an diesem Anwendungsfall ist die enge Verknüpfung mit der analogen Welt. Ein digitales System ermöglicht analoge Einarbeitung und Vernetzung mit anderen Kolleg*innen. Auch hier bieten sich spielerische Elemente an, wenn man z. B. eine Schnitzeljagd durch den Unternehmensstandort mit einer digitalen App des Guides unterstützt oder ein Escape-Game mit Rätseln als Onboarding-Event organisiert. Zugleich kann das System fortlaufendes Feedback einholen und aus den Rückmeldungen über bestärkendes Lernen personalisierte Onboarding-Templates für zukünftige Neulinge empfehlen.

### 3.2.1.4 Smart-Sourcing-Optimierer

Smart Sourcing wird die nächste Stufe des heutigen Active Sourcings sein. Basierend auf den eben beschriebenen datengestützten Zielgruppendefinitionen (siehe Abschn. 3.1.5), werden KI-basierte Tools eine Reihe von sinnvollen Unterstützungen für Sourcende bereithalten. Ein solches Feature ist ein digitaler *Skill-Crawler*, der alle öffentlichen Profile auf professionellen sozialen Netzwerken nach bestimmten Fähigkeiten durchstöbert. Als Ergebnis würde der Smart-Sourcing-Optimierer Listen von möglichen Zielpersonen für eine proaktive

Ansprache bzgl. eines konkreten Job-Angebots ausgeben. Ein weiteres Feature wäre ein automatischer *String-Builder für boolsche Suchbefehle* in sozialen Medien, basierend auf den Inhalten der jeweiligen Stellenausschreibungen. Ein weiteres Feature wird die *Talent-Relationship-Plattform* sein, an die der Smart-Sourcing-Optimierer angebunden ist. Das Tool identifiziert so alle bestehenden Verbindungen zwischen aktuellen Mitarbeiter*innen und der jeweiligen Zielperson und leitet eine Einschätzung der Stärke dieser Verbindung aus den Interaktionen in den sozialen Medien ab. Damit legt der Sourcing-Optimierer die Grundlage für eine gezielte Ansprache der richtigen Talente unter Einbezug aktueller Kolleg*innen als Unterstützung oder Social Proof. So unterstützt das KI-basierte Tool in diesem Anwendungsfall die Spezialist*innen für Talentakquise bei den operativen Tätigkeiten rund um ihre Suchaufträge. Damit bleibt mehr Zeit für die Beschäftigung und den Austausch mit dem Menschen hinter dem Lebenslauf.

### 3.2.1.5 Virtueller Assistent für Arbeitgebermarken-Kommunikation

Die erfolgreiche Akquise der passenden Talente wird zukünftig nicht mehr nach dem Ad-hoc-Prinzip von heute erfolgen. Eine Smart-Work-Experience beginnt bereits mit der fortlaufenden Bespielung der Zielgruppen mit hochwertigem und hilfreichen Kommunikationsinhalten. KI-basierte Technologie kann an vielen Stellen der Talentkommunikation eingesetzt werden. Ein sehr hilfreiches Tool kann ein **virtueller Vorschlagsgeber für Kommunikationsthemen** sein. Diese Applikation wird eine Art „Employer Brand Communication Assistant" sein, der auf die Zielgruppen abgestimmte und über die Zeit personalisierte Themen vorschlägt. Als eine Art Bot für Contentproduktion nutzt diese Software natürliche Textgenerierung und textet direkt passende Beiträge oder hilft bei der Optimierung der Formulierungen bereits bestehender Inhalte. Dabei benötigt eine solche Technologie menschliche Unterstützung bei der ursprünglichen Auswahl relevanter Themen mit Bezug zur jeweiligen Zielgruppe.

Ein weiteres Feature dieser virtuellen Assistenz könnte die Echtzeitanalyse relevanter sozialer Medien sein. Intensiv diskutierte Themen werden auf ihre positive oder negative Rezeption hin klassifiziert und für eine Einbringung in die jeweiligen Kommunikationsinhalte des Unternehmens vorgeschlagen. Ein entsprechender Einbezug wichtiger Unternehmensneuigkeiten ist ebenso möglich. Menschliche Expert*innen könnten die Analyseergebnisse und Themenvorschläge lediglich prüfen und zur Textgenerierung freigeben. Deren Ausspielung in den internen und externen sozialen Medien verläuft ebenfalls nach dem „Human-in-the-Loop"-Ansatz. Die Ausspielung liefert dann Daten, die zusätzlich genutzt werden, um das System kontinuierlich zu trainieren. Neue KI-basierte Technologien, wie DALL:E, erweitern das Fähigkeitsspektrum durch automatische Bildgenerierung solcher Assistenten erheblich. Das thematisch passende Bildmaterial zur Begleitung der vorbereiteten Beiträge kann direkt auf Basis der Textbausteine erstellt werden – lizenzfrei und zur unbeschränkten Nutzung.

Eine Studie der Hochschule Aalen hat 2022 gezeigt, dass maschinell generierte Marketinginhalte von Leser*innen nicht von menschlich erstellten Inhalten unterschieden werden konnten (Puscher 2022). Der maschinell erstellte Content wurde zudem durchweg als qualitativ überzeugender beurteilt.

### 3.2.1.6 Lernende Recruiting-Prozessautomatisierung

Die Recruitingprozesse der Zukunft werden ständig von smarter Technologie begleitet sein. Eine Klasse solcher Applikationen verwendet *Process-Mining-Technologie,* um die Abläufe innerhalb der verwendeten Recruitingtools fortwährend zu analysieren. Auf Basis dieser Analysen schlagen lernende Prozessoptimierer Verbesserungen für die Rekrutierungsprozesse vor. Dies geschieht immer mit Blick auf die jeweiligen vom Unternehmen bevorzugten Recruitingkennzahlen. Wenn ein Unternehmen z. B. die Offer-Acceptance-Rate verbessern möchte, so schlägt das System nur Prozessoptimierungen vor, die sich nach Einbezug aller existierenden Daten wahrscheinlich positiv auf diese Kennzahl auswirken. Sollte die angestrebte Kennzahl die Anzahl der passenden Bewerber*innen sein, so wird das System andere Vorschläge zur Prozessoptimierung machen. Zusätzlich sind solche Anwendungen zukünftig in der Lage, zu den Optimierungsvorschlägen gleich passende Trainings für die Rekrutierenden oder Hiring-Manager*innen vorzuschlagen. Die dabei entstehenden Daten werden direkt zur Verbesserung der Algorithmen eingesetzt.

### 3.2.1.7 Gamifizierte Arbeitsvorschau

KI-basierte Technologie kann zukünftig dazu verwendet werden, den wahrscheinlichen Arbeitsalltag jeder Stelle im Unternehmen zu simulieren. Diese Simulation kann dann in Form eines Computerspiels genutzt werden, um den Bewerber*innen eine realistische Vorschau in den Arbeitsalltag zu liefern, der sie erwartet. Je nach Verhalten des Spieler*innen können neue Szenarien entstehen, die den Bewerber*innen neue Eindrücke auf spaßige Weise vermitteln. Eine solche Applikation würde zunächst mit allen anonymisierten Kommunikationsinhalten im Unternehmen trainiert, um möglichst lebensecht und variabel auf das Spieler*innenverhalten reagieren zu können. Der Grad an grafischem Realismus kennt dabei dank der Nutzung modernster Grafik-Engines kaum Grenzen. Die Vorschau auf den Arbeitsalltag kann auch problemlos in einem virtuellen Abbild des jeweiligen Unternehmensstandorts oder bewusst spielerischer in virtuellen Räumen eines Metaversums stattfinden. Die Nutzung dieses Tools hat zur Folge, dass nur Bewerber*innen den weiteren Bewerbungsprozess anstoßen, die sich mit dem simulierten Arbeitsalltag grundsätzlich identifizieren können. Zusätzlich ist eine Verknüpfung dieses Anwendungsbeispiels mit den Tools anderer Beispiele in diesem Kapitel durchaus denkbar. Die Arbeitsvorschau kann z. B. Elemente einer Interviewvorbereitung mit umfassen oder selbst Teil eines digitalen Assessment-Centers sein. Insgesamt verbessern die dabei gewonnenen Daten und die Selbstselektion der Bewerber*innen im Prozessverlauf die Geschwindigkeit der Rekrutierungsprozesses extrem und entlasten die Rekrutierenden durch die geringere Menge an dafür passenden Bewerber*innen. Zusätzlich ist es auch sinnvoll, eine solche Applikation für Schulen und Universitäten im Rahmen der Berufsorientierung zu öffnen.

### 3.2.1.8 Virtueller Markenbotschafter*innen

Ein wichtiges Element der Anziehung passender Bewerber*innen ist die Schaffung von Vertrauen über *Social Proof* (Galenianos 2014). Die rasant fortschreitenden Entwicklungen in den Bereichen virtueller Realität, Text-, Sprach-, Bild- und Videogenerierung sowie der Computergrafik lassen umfassend kommunikationsfähige Softwareprogramme mit kaum von realen Menschen unterscheidbarem Antlitz entstehen. Diese Computerprogramme werden im Rahmen der Erzeugung einer Smart-Work-Experience zunehmend als *virtuelle und künstliche Markenbotschafter*innen* eingesetzt werden. Es ist ein Irrglaube, dass virtuelle Personen keine fundierte Identifikation bei echten Menschen auslösen können. Die massiven Fangruppen und digitalen Gefolgschaften von rein virtuellen Charakteren aus Filmen, Computerspielen oder sozialen Medien zeigen genau das Gegenteil auf. Solche virtuellen Markenbotschafter identifizieren passende Inhalte im jeweiligen Unternehmen und platzieren diese in den sozialen Medien. Es ist auch sehr wahrscheinlich, dass diese Tools ihre eigenen kleinen Werbebudgets verwalten und zur Steigerung der bezahlten Reichweite des Unternehmens autonom einsetzen. Die Fähigkeit des emotionslosen Lernens aus den faktischen Konsequenzen der eigenen Entscheidungen verhilft solchen Systemen zu massiver Optimierung an den Bedürfnissen der Zielgruppen in sehr kurzer Zeit. Zusätzlich verleihen solche Applikationen dem Unternehmen natürlich auch ein modernes, technisch aufgeklärtes Image. Das wird zukünftig noch dadurch gesteigert, dass virtuelle Markenbotschafter*innen ohne Weiteres in der Lage sein werden, Vorträge auf Fachkonferenzen oder einschlägigen Branchenevents zu halten. Die Weiterentwicklung der Computerlinguistik wird ihnen zudem die Fähigkeit geben, in Echtzeit zwischen allen Landessprachen der Welt zu wechseln, je nach Muttersprache der mit ihnen interagierenden Personen.

### 3.2.1.9 Job-Angebots-Engine

Am Ende eines meist intensiven Bewerbungsprozesses steht eine große Hürde, die viele Unternehmen und Bewerber*innen vor Unsicherheit verzweifeln lässt. Die Rede ist vom finalen Job-Angebot und darin enthaltenen Konditionen. Unternehmen haben meist einen Budgetrahmen, in dem sie sich bewegen müssen. Bewerber*innen haben meist Zielvorstellungen, die sie gerne erfüllt sehen. Irgendwo in der Mitte liegt hoffentlich ein Bereich, den finale Kandidat*innen akzeptieren würden und Unternehmen zugleich bieten können. Bana (2021) hat kürzlich gezeigt, dass man bereits heute mittels maschinellen Lernens ungefähr 87 % der Varianz der Vergütung ausgeschriebener Stellen nur durch die verwendeten Formulierungen in der Stellenausschreibung erklären kann. Mittels ähnlicher Algorithmen lassen sich in Zukunft die wahrscheinlichen Benefitbestandteile von digitalen Stellenausschreibungen vorhersagen. Zusätzlich sind über die öffentlichen Profile in professionellen sozialen Medien wachsende Datenmengen zu den Personen verfügbar. Zusätzlich liegt insbesondere größeren Unternehmen eine umfangreiche Datenlage zum Verlauf vergangener Verhandlungen mit Bewerbenden vor. Dadurch lässt sich eine Technologie erschaffen, die Unternehmen eine Vorhersage über die Ausgestaltung eines Angebots erlaubt, welches bestimmte Bewerber*innen zu einer vorher definierten Wahrscheinlichkeit (z. B. 90 %) annehmen. Diese *Job-Angebots-Engine* ließe den Hiring-Teams zudem die Möglichkeit, vorab Budgetrestriktionen einzugeben. Dann wird für eine Anzahl von Bewerber*innen, z. B. alle Bewerber*innen der sogenannten Shortlist, eine Annahmewahrscheinlichkeit für ein bestimmtes Angebot berechnet. Im Verlauf dieser Analysen werden auch Angebotsbestandteile markiert, die bestimmten Personen aufgrund der vorliegenden Informationen wahrscheinlich besonders wichtig sind. Selbstverständlich lernt auch dieses Tool über die Zeit aus den tatsächlich eingetretenen Ab- und Zusagen von Bewerber*innen. Die Smart-Work-Experience wird im Fall einer Job-Angebots-Engine über eine proaktive Personalisierung der Angebotsgestaltung gestärkt.

### 3.2.1.10 Vergütungsbenchmark in Echtzeit

Unternehmen stehen ständig vor der Herausforderung, zukünftigen oder aktuellen Mitarbeiter*innen eine wettbewerbsfähige Vergütung anzubieten. Die Technologie, die der eben beschriebenen Job-Angebots-Engine zugrunde liegt, wird zukünftig genutzt werden, um die Vergütungslevel von Konkurrenzunternehmen einzuschätzen. Dies kann, wie beschrieben, anfangs allein durch die Formulierungen in Stellenausschreibungen erfolgen und über die Zeit mit weiteren Daten angereichert werden. Das bedeutet, dass ein KI-basiertes Tool im Moment der Formulierung einer Stellenausschreibung nach allen ähnlichen Stellenausschreibungen im Internet sucht und deren wahrscheinliches Vergütungsniveau abschätzt. Basierend darauf kann dann die eigene Vergütungsplanung für die jeweilige Stelle erfolgen. Oder die Technologie wird verwendet, um anzuzeigen, wie die jeweilige Vergütung auf verschiedenen Stellen im Wettbewerb zur Konkurrenz abschneidet. Natürlich wird diese Technologie auch von Bewerber*innen genutzt werden und so kann ein Werkzeug der Smart-Work-Experience dazu genutzt werden, die dringend benötigte Vergütungstransparenz und -gerechtigkeit zu stützen.

### 3.2.1.11 Fähigkeits-Destillator und Matching-Tool

In der eingangs beschriebenen Zukunft steht informationsbasierte Wissensarbeit im Mittelpunkt unserer Arbeitsmärkte. Auf diesen Arbeitsmärkten suchen Unternehmen dann Personen mit den passenden Fähigkeiten für die jeweiligen Vakanzen oder Freelance-Aufträge. Oft tendieren Menschen dazu, nur innerhalb ihres angestammten Silos (z. B. einer Jobgruppe oder Jobfamilie) mit bestimmten Schlüsselbegriffen nach ausgeschriebenen Stellen zu suchen. Ein *KI-basierter Fähigkeits-Destillator* würde dazu genutzt werden, die wahrscheinlichen Skills einer Person anhand des Lebenslaufs und weiterer aktueller Informationen vorherzusagen. Van-Duyet et al. (2017) haben bereits heute einen Ansatz maschinellen Lernens entwickelt, auf dessen Grundlage ein Fähigkeits-Destillator trainiert und entwickelt werden könnte. Ein solches Tool ermöglicht ein *Matching* von Bewerber*innen auf Vakanzen auf Ebene der vorhandenen und benötigten Fähigkeiten. Das bedeutet, dass solche Technologien Menschen dabei unterstützen, einen passenden Job für ihre aktuellen Fähigkeiten zu finden, ohne dabei nur innerhalb einer Jobgruppe zu suchen. Eine Smart-Work-Experience über den Fähigkeits-Destillator hilft also nicht nur den Unternehmen, Menschen mit passenden Fähigkeiten zu finden. Sie hilft auch Menschen, am Arbeitsmarkt ganz neue, bisher vielleicht nicht beachtete Silos für ihre Karriere in Betracht zu ziehen. Dieses Tool könnte auch vollautomatisierte Ansprachen per Direktnachricht oder E-Mail beinhalten und so mit der oben beschriebenen Smart-Sourcing-Technologie verknüpft werden.

### 3.2.1.12 Inklusiver Recruiting-Coach

Der faire und gerechte Ablauf von Talentakquise ist nicht selbstverständlich, da Menschen zu voreiligen Fehlschlüssen oder teils unbewussten Vorurteilen neigen (Ren et al. 2008; Rudolph et al. 2009; Koch et al. 2015; Flage 2019). Auf Basis maschinellen Lernens, insbesondere durch Algorithmen aus dem Bereich der natürlichen Sprachverarbeitung, können Softwareprodukte entstehen, die Menschen bei der Formulierung inklusiver Stellenausschreibungen unterstützen. Heute existieren bereits Anbieter, die ähnliche Feature für die passenden Formulierungen für bestimmte Zielgruppen vorschlagen. Der hier vorgeschlagene Ansatz ist deutlich umfassender. Denn mithilfe eines virtuellen Assistenten kann die gesamte Kommunikation mit Bewerber*innen analysiert werden. So können die Kommunikationsinhalte von Videointerviews mit Blick auf *Inklusion* aller Menschen fortlaufend verbessert werden. Darüber hinaus kann aber der Bewerbungsprozess als Ganzes auf Barrieren geprüft werden, die es Menschen mit bestimmten Behinderungen erschweren, sich zu bewerben (z. B. Verwendung von alternativen Bildbeschreibungen und Sprachausgaben für blinde Bewerber*innen oder begleitende Gebärdensprache für gehörlose Bewerber*innen). Diese Technologie wird in Zukunft um weitere Features erweitert werden. So ist leicht vorstellbar, dass ein virtueller Avatar per Bild-in-Bild das gesprochene Wort in Echtzeit-Gebärdensprache ausgibt. Gebärdensprache könnte auch live in eine Sprachausgabe übersetzt werden, sodass die Kommunikation deutlich inklusiver ablaufen kann. Erste Applikationen mit solchen Fähigkeiten existieren heute bereits als Insellösungen. Unternehmen aller Branchen wären heute bereits gut beraten, an Plattformlösungen für Rekrutierung zu arbeiten, die mittels direkt verbundener Applikationen inklusives Recruiting fördern. Solche Plattformen werden in Zukunft ein wichtiger Baustein der Smart-Work-Experience sein.

### 3.2.1.13 Sprache-zu-Text-Bewerbungs-App

Viele unserer alltäglich genutzten technischen Geräte lassen sich bereits per *Sprachsteuerung* bedienen. Das macht auch Sinn, da Sprache einen erheblichen Anteil des menschlichen Zusammenlebens und der zwischenmenschlichen Kommunikation ausmacht. Es ist für viele Menschen ein sehr natürlicher Weg, die Nutzung von Sprache als zentrale Form der Verständigung auch auf die Bedienung von Geräten und Software auszuweiten. Daher wird die Sprachsteuerung in der Zukunft der Arbeit eine viel zentralere Rolle einnehmen und sich auch in den technischen Applikationen des Recruitings wiederfinden. Aktuell gibt es erste Start-up-Unternehmen, die Software mit solchen Funktionen als Service anbieten. Dort können Bewerber*innen direkt auf der Karriereseite eines Unternehmens per Klick auf die Sprachbewerbung gelangen. Ein Chatbot überführt das gesprochene Wort in Textbausteine. Der Bot stellt vom Unternehmen vordefinierte Fragen und leitet die Bewerber*innen damit durch den Bewerbungsprozess. Diese müssen lediglich per Sprachnachricht antworten. Auf Grundlage dieser bereits existierenden Tools werden neue Technologien entwickelt, die die Kommunikation mit den Kandidat*innen am Anfang des Recruiting-Funnels auf Wunsch nahezu vollständig und sehr realitätsgetreu übernehmen können. Vielen Bewerber*innen wird wahrscheinlich nicht bewusst sein, dass sie mit einer Technologie interagieren. Für bestimmte Zielgruppen verringern diese Tools die Hürden der

Bewerbung deutlich und erleichtern den Zugang zu neuen Karrieremöglichkeiten. Die hohe Passung zur dominanten zwischenmenschlichen Kommunikationsform Sprache lässt die Smart-Work-Experience nahezu reibungslos erfolgen.

### 3.2.1.14 Bias-Detektor

Wie in Abschn. 3.2.1.12 bereits angesprochen, ist der Rekrutierungsprozess leider von einer Reihe kognitiver Verzerrungen geprägt, die zu Diskriminierung führen können. Da viele dieser Verzerrungen unbewusst ablaufen, sind sie nicht einfach zu beheben. KI-basierte Applikationen werden zukünftig deutlich stärker dazu verwendet, das Vorliegen von Ungerechtigkeiten im Rekrutierungsprozess zu entdecken. Eine *Bias-Detektor-App* analysiert fortlaufend alle Rekrutierungsprozesse. Ausgehend von den Bewerbenden, kann ein Bias-Detektor anzeigen, wenn im Verlauf der Schritte eines Bewerbungsverfahrens bestimmte Personengruppen benachteiligt werden. Dies wäre z. B. der Fall, wenn die zum Interview eingeladene Personengruppe deutlich weniger divers ist als die Gruppe der Bewerber*innen mit passenden Fähigkeiten. Der Bias-Detektor könnte auch anhand von Absolvent*innenzahlen in bestimmten Ausbildungs- oder Studienfeldern auswerten, ob sich eine repräsentative Gruppe von Menschen auf eine Stelle bewirbt. Zwar können die Gründe für eine Selbstselektion im Bewerbungsprozess vielseitig sein, jedoch kann es zumindest teilweise an der Formulierung der Stellenausschreibung oder den unbewussten kognitiven Heuristiken der Rekrutierenden oder Bewerber*innen liegen. In Zukunft wird im Rahmen der Smart-Work-Experience auf Lösungen gesetzt, die Unternehmen helfen, potenzielle Ungerechtigkeiten oder Verschiebungen im Rekrutierungsprozess zu identifizieren.

### 3.2.1.15 Interviewfragen-Generator

Das Jobinterview ist ein zentraler Bestandteil der Talentakquise, weil es dem Hiring-Team die Möglichkeit gibt, die Menschen hinter den

Lebensläufen etwas persönlicher kennenzulernen. Dennoch stellen viele Unternehmen ihren Bewerbenden immer dieselben, oft langweiligen oder wenig aussagekräftigen Fragen. Das Jobinterview wird viel zu häufig als verbal geführte Tour durch den Lebenslauf verstanden und viel zu selten als Gelegenheit zur Persönlichkeitsentdeckung. Innerhalb einer Steigerung der Smart-Work-Experience wäre es daher sinnvoll, wenn Unternehmen einen *KI-basierten Interviewfragen-Generator* nutzen würden. Diese Applikation würde darauf trainiert, auf Basis des Lebenslaufs oder der sozialen Profile von Bewerber*innen passende Interviewfragen zu formulieren. Über die Zeit geben Hiring-Teams dann ihr Feedback zu den generierten Fragen und so passt sich die Software den Vorlieben verschiedener Personen an. Der Interviewfragen-Generator kann als Quelle der Inspiration für Hiring-Teams dienen, ohne dabei wie eine simple Spaßlösung zu wirken. Denn der Fragengenerator kann an Datensätzen zu strukturierten Interviewfragen trainiert werden und so auch auf wissenschaftliche Basis gestellt werden. Dazu kann der Generator auch offene Szenarien der Tagespresse oder aus Branchenzeitschriften aufgreifen sowie aktuelle Medien-Trends verarbeiten.

### 3.2.1.16 Gamifizierte Personalauswahl

Aus Jahrzehnten wissenschaftlicher Forschung kennen wir die wirksamen Methoden der Personalauswahl mit Blick auf die bestmögliche Vorhersage jeweils verschiedener Kriterien (z. B. spätere Arbeitsleistung). Nach Schmidt und Hunter (1998) und Schmidt et al. (2016) ist die Kombination von Intelligenz- und Integritätstests mit dem strukturierten Jobinterview oder der Arbeitsprobe eine solide Kombination zur Einschätzung der Eignung eines Bewerbenden für eine Vakanz. KI-basierte Technologien werden zukünftig dazu genutzt, diese validierten Auswahlmethoden in Form von kleinen Computerspielen und Quests zu prüfen. Dies kann in Verbindung mit virtuellen Assistenzen vollständig automatisiert erfolgen. Die *gamifizierte Eignungsdiagnostik* übermittelt die Ergebnisse einzelner Bewerber*innen direkt in passende Reports und bildet das Fundament einer von Daten gestützten Auswahlentscheidung durch menschliche Hiring-Teams.

Die Applikationen können auch als Online-Kurs oder -Quiz dauerhaft geschaltet werden, sodass Unternehmen immer eine Benachrichtigung erhalten, wenn eine Person im Internet die Eignungstests erfolgreich absolviert hat. Auch ohne das Element der Gamifizierung können KI-basierte Tools in der operativen Eignungsbeurteilung von Kandidat*innen eingesetzt werden. Ausgangspunkt sind die bereits heute verfügbaren Lösungen zu automatisierten *Coding-Checks* oder *Live-Coding-Sessions*. Hier werden Kandidat*innen für technische Jobs im Rekrutierungsprozess aufgefordert, eine vorbereitete Programmieraufgabe im Webbrowser mit eigenem Code zu lösen. Die Qualität der Lösung wird automatisch eingestuft und mündet in einer Gesamt- und Detailbeurteilung. In der zukünftigen Arbeitswelt ermöglichen solche Bauelemente der Smart-Work-Experience eine automatisierte Vorselektion an potenziell geeigneten Personen rund um den Globus.

### 3.2.1.17 Automatisches Talent-Engagement

KI-basierte Technologien wie DALL:E oder GPT-X haben bereits gezeigt, dass sie in der Lage sind, erstaunlich realistischen Content auf Basis nur weniger Stichworte zu erstellen. DALL:E erstellt eigenständig Kunstwerke und GPT-X schreibt Texte. Diese Werkzeuge werden in Zukunft als Basis für eine ganze Reihe automatischer Content-Produktionsmaschinen dienen. Ein sehr eindrucksvolles Beispiel sind das von OpenAI erschaffene Tool „ChatGPT" und die rasanten Entwicklungen in dessen Umfeld. Durch direkte Anbindung an die meistgesuchten Begriffe oder Fragen in den größten Suchmaschinen könnten z. B. Applikationen für automatisches *Talent-Engagement* erschaffen werden. Diese Apps benötigen nur wenige Schlüsselbegriffe, stellen die damit verbundenen meistverwendeten Suchanfragen heraus und verfassen eigenständig passende direkt bebilderte Beiträge dazu. Durch die Verknüpfung der Firmen-Accounts auf sozialen Medien werden diese Content-Maschinen die Inhalte direkt passend für die Ausspielung vorbereiten. Natürlich wird auch immer ein Call-to-Action eingebaut, über den sich interessierte Personen z. B. direkt im Talentpool des Unternehmens registrieren können. Die Expert*innen für Talentakquise und

Employer Branding können die frei werdende Zeit dann auch für die Optimierung der direkten zwischenmenschlichen Kommunikation und Ansprache oder die Gestaltung unvergesslicher Hiring-Events verwenden.

### 3.2.2 Mensch-Maschine-Kooperation in der Talententwicklung

Die Möglichkeiten der Nutzung von intelligenter Technologie enden natürlich nicht mit dem ersten Arbeitstag. Es wäre sogar kontraproduktiv, wenn die Smart-Work-Experience während der Talentakquise kein stabiler Prädiktor für die Smart-Work-Experience im Verlauf der Talententwicklung wäre. Ein technisch sinnvoll unterstützter Rekrutierungsprozess weckt auch die Erwartung der Kandidat*innen an den späteren Arbeitgeber. Daher ist es sehr wichtig, die Nutzung intelligenter Technologie nicht nur innerhalb der typischen Silos zu denken. Eine gemeinsame Entwicklung einer angepassten *Techpoint- und Touchpointstrategie* von Talentakquise und Talententwicklung ist klar zu empfehlen.

Die generelle Zielsetzung der Technologienutzung in der Talententwicklung unterscheidet sich etwas von der Talentakquise. Talententwicklung verfolgt nicht nur das Ziel der fortlaufenden Weiterbildung der Mitarbeiter*innen. Sie unterstützt auch zu weiten Teilen die Transformationsreise mit Blick auf die zukünftig benötigten Fähigkeiten der Mitarbeiter*innen (Stichwort: Re-Skilling). Darüber hinaus ist die Weiterbildung und die fundierte Karriereplanung ein wirksames Mittel zur Gewinnung von Mitarbeiter*innen (Uggerslev et al. 2012), deren Angebot hat daher einen positiven Rückbezug zur Rekrutierung. Die Frage nach der sinnvollen Nutzung von Technologie und der klugen Integration mit zwischenmenschlichen Aspekten hängt in der Talententwicklung folglich deutlich starker von der strategischen Fokussetzung ab. Die nachfolgenden Beispiele für potenzielle Anwendungen intelligenter Technologie müssen je nach Schwerpunktsetzung adaptiert werden.

### 3.2.2.1 Karrierepfadfinder

Basierend auf den Daten über die bereits vorhandenen Fähigkeiten und bisherige Berufserfahrung, unterstützt ein Algorithmus die Mitarbeiter*innen bei der Karriereplanung. Der Kernbaustein dieses *Karrierepfadfinders* ist der Abgleich dieser Daten mit den bisher beobachtbaren Karriereverläufen in einem Unternehmen. Das schließt vertikale Beförderungen innerhalb einer Hierarchie, aber auch laterale Wechsel entlang verwandter Fähigkeitsbereiche ein. Das Tool bezieht auch eine Vielzahl weiterer Datenpunkte mit ein. Durch die Einspeisung der Transkripte erfolgter Entwicklungsgespräche können relevante Themenfelder und geäußerte Entwicklungswünsche herausgearbeitet werden. Die oftmals dynamischen Umstände verschiedener Lebensphasen (z. B. Familiengründung, Erwerb von Eigentum, Karriereverläufe des Partners, Pflegefälle in der Familie) können ebenfalls über die Informationen aus den Personalstammdaten und zusätzliche regelmäßige Befragungen erhoben werden. Durch diesen Abgleich erfolgt eine Einschätzung verschiedener Entwicklungsmöglichkeiten mit entsprechenden Wahrscheinlichkeiten und Weiterbildungsbedarfen. Insbesondere in großen Unternehmen mit weitläufigen internen Arbeitsmärkten kann ein solches Tool Muster aufdecken, die den am Entwicklungsprozess beteiligten Personen nicht offenbar werden.

### 3.2.2.2 Weiterbildungs-Bot

Eng mit dem Karrierepfadfinder verwandt, kann intelligente Technologie dafür eingesetzt werden, den Mitarbeiter*innen passende Weiterbildungsangebote vorzuschlagen. Den Ausgangspunkt für diesen *Weiterbildungs-Bot* bilden die jeweils ausgewählten Karrierepfade. Diese beinhalten ja bereits einen potenziellen Weiterbildungsbedarf. Der Weiterbildungs-Bot durchkämmt daraufhin die weltweiten Trainingskataloge eines Unternehmens. In diesen Katalogen befindet sich häufig eine Vielzahl verschiedener Angebote. Diese unterscheiden sich im

Format der Trainingsvermittlung (z. B. Präsenzanforderungen), aber auch in den vorhandenen Sprachen, den Trainingskosten oder Voraussetzungen (z. B. erwarteter Kenntnisstand). Der Bot optimiert die Zusammenstellung der Trainingskomponenten nach den Karrierezielen, den damit verbundenen Fähigkeitsanforderungen und möglichen Budgetrestriktionen für die Weiterbildung pro Mitarbeiter*in. Ein weiteres Feature kann dann die Planung der Weiterbildungsbesuche unter Einbezug freier Kalenderbereiche und der gewünschten Zeitschiene sein. So werden Mitarbeiter*innen in ihrer Weiterbildung technisch begleitet und die Weiterbildungsexpert*innen beim Planungsaufwand entlastet.

### 3.2.2.3 Trainings-Administrator

Im Umfeld von Weiterbildungsaktivitäten gibt es eine Menge an Administration. Die Vor- und Nachbereitung von Weiterbildungselementen sowie deren unterstützende Begleitung nehmen Zeit in Anspruch, die sowohl bei den lernenden als auch der verwaltenden Personen wertvolle Frei- oder Arbeitszeit in Anspruch nimmt. Selbst im Fall vorliegender Automatisierung von An- und Abmeldeprozessen sind viele administrative Aufgaben zwar notwendig, aber nicht sehr erfüllend. Eine intelligente Technologie kann im Umfeld der Weiterbildung in den persönlichen Austausch mit den lernenden und, falls vorhanden, den dozierenden Personen gehen. Gepaart mit entsprechenden Gamification-Elementen, können diese oft langweiligen Prozesse aufgefrischt und mittels Datenanalysen personalisiert werden. Dadurch steigt die technologische Nutzer*innenerfahrung. So könnten die oft vorkommenden E-Mail-Sequenzen der Trainingsregistrierung durch direkte Dialoge mit einer fortgeschrittenen Chatbot-Technologie ersetzt werden. Dieser *Trainings-Administrator* versendet auch direkt die digitalen Lernunterlagen, führt in die Oberfläche der jeweiligen softwaregestützten Lernumgebung ein und sammelt regelmäßig auf intuitive Weise Feedback von den Lernenden ein.

### 3.2.2.4 Buddy- oder Mentor*innen-Matcher

Viele Unternehmen setzen in verschiedenen Situationen auf Buddy- oder Mentor*innenkonzepte. Mittels der Zuteilung eines zumeist bereits erfahrenen *Buddies* können Mitarbeiter*innen bei der Karriereplanung, persönlichen Entwicklung, beim Onboarding, der Neuorientierung, bei internationalen Entsendungen oder Themen der Vereinbarkeit von Privatleben und Beruf unterstützt werden. Ein entscheidender Schritt ist die Auswahl der passenden Person als Mentor*in. Je nach inhaltlicher Ausrichtung und Zielsetzung können sehr unterschiedliche Profile für eine Begleitung eines Mitarbeitenden infrage kommen. Während intelligente Technologien schon häufiger beim so genannten Matching von Mitarbeitenden auf vakante Positionen eingesetzt werden (siehe Abschn. 3.2.1.11), ist der Bereich des Matchings zwischen Mentor*in und Mentee noch sehr selten durch smarte Technologie unterstützt. Der intelligente *Buddy-Matcher* fragt bei allen Mitarbeiter*innen verschiedenste Präferenzen, Werte und Einstellungen ab oder bezieht diese Daten direkt aus der Mitarbeiter*innenbefragung. Darauf aufbauend können Personen bei der Suche nach passenden Buddies auf vielseitige Weise unterstützt werden. Je nach Ziel des jeweiligen Mentorings könnten bewusst Personen mit ergänzenden Fähigkeiten, aber ähnlichen Wertvorstellungen vorgeschlagen werden. Natürlich bezieht der Buddy-Matcher auch den Erfahrungshorizont und die geäußerten Ambitionen der Personen mit ein. Auch die bereits durch eine Person erfolgten Begleitungen und die damit verbundenen Feedbackdaten werden in das Matching mit einbezogen.

### 3.2.2.5 Storytelling-Coach

Storytelling ist die Fähigkeit, wichtige Kommunikationsinhalte im Rahmen einer mitreißenden Geschichte an die Zuhörerschaft zu übermitteln. Dabei sollte der rote Faden der jeweiligen Erzählung zu den Bedürfnissen und Erwartungen der jeweiligen Zielgruppe passen. Ein KI-basierter *Storytelling-Coach* wird mithilfe unzähliger Chatbot-Mensch-Dialoge trainiert. So lernt diese Technologie im Zeitverlauf die passenden Formulierungen für verschiedene Zielgruppen. Dabei dienen die verschiedenen Interaktionsparameter der menschlichen Dialogpartner*innen als Erfolgsmerkmal. Reagieren Menschen schneller bei manchen Formulierungen oder formulieren positivere Antworten bei bestimmten Fragetexten, so verwendet der Storytelling-Coach diese Informationen zum Aufbau von spezifischem Kommunikationswissen. Ähnlich bereits existierenden Technologien zur Optimierung der Rechtschreibung, Grammatik und Tonalität geschriebener Texte (z. B. Grammerly), bietet der Storytelling-Coach Verbesserungsvorschläge direkt beim Schreiben der Texte an. Dabei liefert das Tool verschiedene Formulierungen für verschiedene Zielgruppen. Dadurch könnte ein menschlicher Verfasser zeitgleich verschiedene Versionen der gleichen Inhalte erzeugen. Diese könnten dann über die bevorzugten Kommunikationskanäle an die entsprechenden Zielgruppen ausgerollt werden. Der Storytelling-Coach wertet zudem alle Reaktionen (z. B. Lesedauer, Klickhäufigkeiten, Öffnungsraten/Impressionen, Abbruchquote, Abbruchzeitpunkte) der Leser*innen auf den jeweiligen Text aus. Durch diese Echtzeitanalysen kann ein Text im Nachgang der Veröffentlichung immer weiter angepasst werden. Im Jahresverlauf liefert der Storytelling-Coach eine zusammenfassende Auswertung der Formulierungsvorschläge und angenommenen Verbesserungen, um die menschlichen Verfasser*innen fortlaufend zu schulen und die Storytelling-Skills zu verbessern. Ein weiteres Feature ist die Aufzeichnung und direkte Verbesserung der gesprochenen Sprache bei Präsentationen. Auf Wunsch des Sprechenden kann der Storytelling-Coach auch Füllwörter aus Aufzeichnungen herausschneiden oder bei Versprechern zur Neuaufnahme anregen. Dies kann bei videobasierter Weiterbildung durch E-Learning eine deutliche Erleichterung und Optimierung der Inhalte bedeuten. Entlang dieser Sammlung nützlicher Features hilft diese Technologie den menschlichen Akteur*innen im Kommunikationsumfeld eines Unternehmens bei der Weiterentwicklung ihrer Fähigkeiten und unterstützt so die persönliche Entwicklung.

### 3.2.2.6 Adjacent-Skill-Finder

Die Weiterentwicklung von Menschen bedarf zukünftig ebenfalls direkter Unterstützung bei der Identifikation passender Fähigkeitsfelder in Verbindung mit den bereits vorhandenen Fähigkeiten. Zu jedem Zeitpunkt verfügt ein Unternehmen in den verschiedenen Bereichen und Teams über eine Vielzahl von Fähigkeiten. Manche dieser Fähigkeiten werden mit Blick auf die technologische Entwicklung unserer Gesellschaft nicht mehr benötigt. Aber die meisten Fähigkeitsfelder eignen sich als Ausgangspunkt für Weiterbildungen, an deren Ende neue und vom Unternehmen zukünftig benötigte Fähigkeiten stehen. Für Individuen und Teams stellt sich in einer immer dynamischeren Umwelt fortlaufend die Frage nach der optimalen Weiterbildungsstrategie. Eine Technologie, die als *Adjacent-Skill-Finder* bezeichnet werden kann, unterstützt Individuen, Teams und Firmen bei dieser Weiterbildungsaufgabe. Basierend auf sogenannten Fähigkeitsontologien, analysiert dieses Tool die vorhandenen Fähigkeiten der Menschen in einem Unternehmen und befragt zugleich die Führungskräfte nach ihrer Einschätzung zu den benötigten Fähigkeitsfeldern. Durch diese Analyse sucht der Adjacent-Skill-Finder nach neuen Fähigkeiten in direkter und entfernter inhaltlicher Nachbarschaft der bereits vorhandenen Fähigkeiten. Aus den gefundenen Fähigkeiten können Entwicklungspfade erstellt werden, die den Unternehmen als Bausteine einer Weiterbildungsstrategie empfohlen werden. Zu jedem Zeitpunkt „überwacht" das Skill-Finder-Tool den Weiterbildungsfortschritt und leitet daraus die Zeiträume ab, die zur vollständigen Transformation der Fähigkeitslandschaft eines Unternehmens benötigt werden. Dadurch unterstützt intelligente Technologie Unternehmen bei der möglichst sanften Umsetzung ihrer möglicherweise Re-Skilling-Strategie.

### 3.2.2.7 Smart-Event-Finder

Branchenevents und themenspezifische Veranstaltungen ermöglichen Mitarbeiter*innen, sich über neue Trends zu informieren. Der Austausch mit Fachexpert*innen und die oftmals angebotenen

Workshops dienen der Vertiefung fachlicher Kenntnisse. Während solche Veranstaltungen sicherlich keine fundierte Weiterbildung darstellen, liefern sie eher eine Impulssetzung und Exploration in Richtung innovativer Ideen. Daher ist es entscheidend, dass die zu besuchenden Veranstaltungen mit Blick auf diesen Innovationsgehalt ausgewählt werden. Ein KI-basiertes Tool mit dem Arbeitstitel *Smart-Event-Finder* würde alle verfügbaren Informationen über angekündigte Events aus dem Internet lesen. Die Webseiten von Events geben eine Vielzahl an Informationen durch Blogbeiträge, Vortrags- und Programmankündigungen sowie darauf aufbauende Beiträge in den sozialen Medien preis. Nutzer*innen dieses Tools könnten ihre generellen Vorlieben, bevorzugte Themenbereiche, wichtige Schlagwörter und Erwartungen an Veranstaltungen über die Eingabemaske definieren. Sie können auch eine Liste an Fachexpert*innen und Persönlichkeiten führen, die sie gerne auf Veranstaltungen treffen würden. Der Smart-Event-Finder würde ähnlich einer Suchmaschine funktionieren und die jeweils wichtigsten und passendsten Events als Resultate einer Suchanfrage ausgeben. Durch die direkte Anbindung an die jeweiligen Online-Shops und Buchungsseiten der Events wäre ein direkter Kauf von Tickets problemlos möglich. Mitarbeiter*innen können ebenfalls angeben, über welche Themen sie selbst gerne einen Vortrag halten wollen. Der Smart-Event-Finder spuckt alle Events aus, die zu den Schlüsselbegriffen passen und eine aktiven Call for Speakers haben. Veranstalter haben natürlich die Möglichkeit, die Events in den Suchergebnissen zu bewerben. Recruiter*innen haben die Möglichkeit, die richtigen Events für die Akquise geeigneter Talente auszuwählen.

### 3.2.2.8 Office-Day-Recommender

Aktuelle Forschung des Work From Home Instituts (Barrero et al. 2021) zeigt einen klaren Trend in Richtung hybrider Arbeit von verschiedenen Orten im Verlauf einer Arbeitswoche. Eine sehr aussagekräftige Studie von Yang et al. (2022) weist darauf hin, dass verschiedene Teams unterschiedliche Herausforderungen bei der Zusammenarbeit ihrer Teammitglieder haben, wenn diese stets verteilt an unterschiedlichen und wechselnden Orten arbeiten. Intelligente Technologie kann eingesetzt werden, um die Teammitglieder bei der physischen Zusammenarbeit zu unterstützen. Unter Rücksichtnahme auf die Kalender aller Mitglieder und deren eingetragenen Anwesenheiten im Büro, könnte ein *Office-Day-Recommender* allen Teammitgliedern den Besuch des Office zu bestimmten Tagen oder Zeiten empfehlen. Dieses Tool könnte auch mit den Kommunikationslösungen gekoppelt und mit den genutzten Projektmanagementtools integriert werden. So kann der Office-Day-Recommender die Muster der bisherigen Zusammenarbeit auswerten und so gezielt bestimmten Mitgliedern eine zeitgleiche Anwesenheit empfehlen. Oder das Tool empfiehlt einen Austausch mit Kolleg*innen, die im Zentrum des Interaktionsnetzwerks stehen oder als „Bridging Ties" zwischen verschiedenen Teams fungieren. Sie ermöglichen den Informationsfluss und sind wichtige Kontaktpunkte für alle Menschen in einem Netzwerk (Harush und Barzel 2017). Darüber hinaus könnten Unternehmen das Tool nutzen, um ihre jeweilige Anwesenheitsvorgabe als Rahmenbedingung einzugeben. Ein weiteres Feature ist, dass der Office-Day-Recommender die Auslastung der Büroräume optimieren kann. Diese Software könnte dadurch auch zum Einsatz kommen, wenn die Büroauslastung im Falle einer Gefahrenlage (z. B. Pandemie) begrenzt werden muss.

### 3.2.2.9 Project-Matching

Ähnlich dem bereits beschriebenen Matching-Tool (Abschn. 3.2.1.11) kann eine intelligente Technologie auch im Kontext der bestmöglichen Besetzung von Projekten eingesetzt werden. Hierbei sollten zwei verschiedene Anwendungsfälle unterschieden werden. Einerseits können Projekte durch Skill-Matching mit den am besten geeigneten Personen besetzt werden. Andererseits könnte das Tool in jedem Projekt auch Wildcard-Plätze vorsehen, auf die Kolleg*innen platziert werden, die sich durch das Projekt weiterentwickeln sollen. Wenn Mitarbeiter*innen also kürzlich erlernte Fähigkeiten durch die praktische Anwendung in einem Projekt verfestigen sollen, dann würde das *Project-Matching-*

*Tool* diese Personen auf entsprechende Projekte verteilen. Diese Technologie bezieht bei den Empfehlungen natürlich auch mögliche Herausforderungen durch verschiedene Zeitzonen, Sprachfähigkeiten und Arbeitszeitmodelle ein. Die Software könnte zudem mit den existierenden Plattformen für Freelancer*innen integriert werden, um im Fall auftretender Knappheit bei bestimmten Fähigkeiten direkt auf entsprechende Freelancer*innen zu verweisen. Solche Empfehlungen könnten zugleich mit dem verfügbaren Projektbudget oder den Berechnungen des hinterlegten Business Cases abgeglichen werden, um Budgetüberschreitungen zu verhindern oder darauf hinzuweisen.

### 3.2.2.10 Knowledge-Manager

Professionelles Wissensmanagement und der Transfer von Wissen zwischen verschiedenen Menschen im Zeitverlauf ist einer der wichtigsten Prozesse in Unternehmen (Wu und Chen 2014; Marques und Simon 2006; Darroch 2005). Die Bedeutung nimmt noch zu, wenn wir uns zukünftig immer stärker in eine Gesellschaft von Informations- und Wissensarbeiter*innen entwickeln. Intelligente Technologie könnte dazu verwendet werden, die Wissensbausteine von Menschen im Verlauf ihres Arbeitslebens zu dokumentieren und so eine Wissensdatenbank aufzubauen. Dabei ist es eine besondere Herausforderung, das eher implizite Wissen zu extrahieren. Eine durch *natürliche Sprachverarbeitung (NLP)* und *-generierung (NLG)* befähigte Technologie könnte jedem Mitarbeitenden sporadisch bestimmte Fragen stellen oder ihre Antwort auf hypothetische Entscheidungssituationen anfragen. Die eingesprochenen Antworten eignen sich auf vielseitige Weise zur Erstellung von explizitem Wissen. Zeitgleich analysiert das Tool alle internen Wissensdatenbanken und Wissen beinhaltenden Dokumente (z. B. Patente) und verknüpft diese zu Themendatenbanken. Das bereits explizierte Wissen wird so mit dem extrahierten impliziten Wissen verknüpft. Diese integrierte Wissensdatenbank unterstützt das Unternehmen bei der Sicherung des bestehenden Unternehmens. Das wird sich besonders dann auszahlen, wenn bestimmte Personen samt ihrem Wissen und ihrer Erfahrung das Unternehmen verlassen. Der *KI-basierte Wissens-Manager* könnte auch gezielt eingesetzt werden, um die beschriebenen Dialoge mit Menschen zu führen, die kurz vor dem Ruhestand stehen. Das Tool könnte auch Features umfassen, die aus den Wissensdatenbanken zusammenfassende Lehrmaterialien erstellen. Dazu gibt das Unternehmen bestimmte Themen ein und erhält einen zusammenfassenden Überblick über die bestehenden Wissensressourcen mit entsprechenden Links zur den Originalinhalten aus der Datenbank. Diese Zusammenfassungen können dann zum Beispiel im Rahmen des Onboardings neuer Mitarbeiter*innen eingesetzt werden. Die Inhalte bieten sich auch an, um Wissensseiten im Intranet aufzubauen und einen strukturierten digitalen Zugang zu besonders wichtigen Wissenselementen zu ermöglichen.

### 3.2.2.11 Promotion-Recommender

Die Möglichkeiten, sich entlang einer Karriereleiter zu entwickeln, sind ein wichtiger Treiber für das Engagement von Mitarbeiter*innen. Daher macht es Sinn, intelligente Technologie einzusetzen, um geeigneten Mitarbeiter*innen den nächsten Karriereschritt vorzuschlagen. Diese Empfehlungen funktionieren ähnlich einem Matching-Tool, das bereits im vorherigen Abschnitt beschrieben wurde (Abschn. 3.2.1.11). Allerdings wird diese Technologie im Kontext des internen Arbeitsmarkts verwendet und bietet dort verschiedene Möglichkeiten. Erstens, der *Promotion-Recommender* kann Unternehmen dabei unterstützen, die passenden internen Kandidat*innen für offene Führungspositionen zu identifizieren. Durch die Eingabe der benötigten Fähigkeiten kann die gesamte Datenbank existierender Mitarbeiter*innen nach passenden Personen durchsucht werden. Diese können dann sogar nach jeweiliger Passung in eine Rangliste gebracht werden. Zweitens kann dieses Tool dazu verwendet werden, den verschiedenen Mitarbeiter*innen, die sich eine Führungsposition als nächsten Karriereschritt vorstellen können, eine passende Stelle direkt per E-Mail zu liefern. Dazu muss diese Technologie lediglich die ausgeschriebenen Positionen überwachen und diese dann an Personen mit passenden Fähigkeitsprofilen ausspielen.

### 3.2.2.12 Delegationsberater

In vielen Unternehmen werden internationale Delegationen von Mitarbeiter*innen gezielt zur Weiterentwicklung eingesetzt. Insbesondere Firmen mit globaler Präsenz können so den Austausch zwischen ihren internationalen Talenten fördern und diese mit frischen Fähigkeiten und gesteigerter interkultureller Kompetenz versorgen. Internationale Delegationen sind dabei mit einigem administrativen Aufwand für die Unternehmen und die jeweiligen Mitarbeiter*innen verbunden. Dazu zählt auch, dass die Mitarbeiter*innen auf die Gegebenheiten im Zielland vorbereitet werden müssen. Eine KI-basierte Software könnte genau hier unterstützen. Zum einen kann ein Chatbot dazu verwendet werden, dem angehenden Delegierten einige administrative Fragen zu stellen und an die Erledigung notwendiger Prozesse oder die Besorgung amtlicher Dokumente zu erinnern. Die Vermittlung interkultureller Trainings, die auf das Zielland abgestimmt sind, würde ebenfalls dazu gehören. Informative Inhalte über die aktuelle politische Situation oder die Historie eines Landes oder Kontinents werden zusätzlich vermittelt. Diese Wissensvermittlung könnte auch auf die Familienmitglieder ausgeweitet werden, so diese den Delegierten begleiten. Das zumindest rudimentäre Erlernen der nötigen Fremdsprachen wäre ein weiteres sehr sinnvolles Feature des *Delegation Advisors*. Zum anderen muss die technologische Begleitung nicht mit dem Startzeitpunkt der Delegation enden. Als eine webbasierte Applikation könnte das Tool zum ständigen Begleiter des Delegierten und seiner Familie werden. Ein wichtiges Feature könnte die Echtzeitübersetzung sein, die sich bei Interaktionen mit der lokalen Bevölkerung als hilfreich erweisen könnte.

### 3.2.2.13 Succession-Planner

Die Nachfolgeplanung ist ein weiterer wichtiger Teilprozess der allgemeinen strategischen Personalplanung erfolgreicher Unternehmen. Anders als der direkte Beförderungsempfehler geht es bei der Nachfolgeplanung eher um die Identifikation potenzialreicher Nachwuchstalente. Diese werden dann frühzeitig informiert und entsprechend den möglicherweise eintretenden zukünftigen Entwicklungsschritten vorbereitet. Dazu gehört auch eine fundierter Weiterbildungsplan. Da es sich bei der Nachfolgeplanung um einen mittelfristigen Planungshorizont handelt, muss das Tool auch die Wahrscheinlichkeiten einer frei werdenden Führungsposition einbeziehen. Dazu kann die Software alle bisherigen Karrierebewegungen in den Datenbänken des Unternehmens nach Mustern analysieren. Aus diesen Mustern kann der *Succession-Planner* dann Wechselwahrscheinlichkeiten ableiten. Zudem könnte ein solches Tool die Wichtigkeit eines bestimmten Jobs aus der Job-Analyse einbeziehen. Daraus ergäbe sich eine Empfehlung für Unternehmen, welche Positionen aufgrund ihrer hohen Wichtigkeit und hohen Wechselhäufigkeit für eine fundierte Nachfolgeplanung vorgesehen werden sollten. In Verbindung mit dem eingesetzten Tool für digitale Weiterbildung kann dann auch ein Weiterbildungsplan für die jeweilig ausgewählten Personen erstellt werden. Dadurch ist gesichert, dass sich die zur Nachfolge vorgesehenen Talente auf einen passenden Entwicklungspfad begeben. Der Succession-Planner würde auch die Vernetzung der verschiedenen Talente ermöglichen, sodass sich eine Gemeinschaft zukünftiger Führungskräfte und Fachexpert*innen entwickeln kann.

### 3.2.2.14 Skill-Gap-Analyzer

Aus der zunehmenden maschinellen Intelligenz resultiert eine Ersetzung, Ergänzung oder Deplatzierung bestimmter menschlicher Tätigkeiten (siehe Abschn. 2.1). Im Zeitverlauf des „Second Machine Age" (Brynjolfsson und McAfee 2016) werden sich die Fähigkeiten intelligenter Technologie ständig weiterentwickeln und Unternehmen werden diese Möglichkeiten nach und nach nutzen. Daher ist es für Unternehmen extrem wichtig, dass sich die Mitarbeiter*innen ebenfalls kontinuierlich weiterentwickeln. Ein KI-basiertes Tool könnte hier unterstützen, indem es allen Mitarbeiter*innen eine fortlaufende Analyse ihrer *Skill-Gaps* ermöglicht. Der Ausgangspunkt sind die vereinbarten Inhalte der Entwicklungsgespräche zwischen den Führungskräften und ihren Teammitgliedern. Die darin festgelegten

Entwicklungsziele werden mit den bereits vorhandenen Fähigkeiten abgeglichen und eine Analyse der bestehenden Weiterbildungslücken ist das Ergebnis. Der *Skill-Gap-Analyzer* kann als Applikation zum ständigen Begleiter der Mitarbeiter*innen werden. Die App kann zu jedem Zeitpunkt dazu genutzt werden, durch die verschiedenen Job-Profile eines Unternehmens und die darin enthaltenen Fähigkeitsbündel oder hinterlegten Weiterbildungspfade zu browsen. Dann können die Weiterbildungslücken identifiziert und entsprechende Weiterbildungspfade festgelegt werden. Dadurch kommen Mitarbeiter*innen in die Lage, einen realistischen Blick auf Entwicklungsziele und die dafür notwendigen Zeitbedarfe zu richten. Unternehmen können diese App nutzen, um die kontinuierlichen Transformationsaufgaben über den Weiterbildungsbereich zu meistern.

### 3.2.3 Mensch-Maschine-Kooperation in der Talentbindung

Die Bindung von Talenten ist für Unternehmen umso wichtiger, je anspruchsvoller die Suche nach neuen Talenten auf dem Arbeitsmarkt ist. Fuller und Kerr (2022) zeigen mit US-amerikanischen Daten, dass die Anzahl der jährlichen freiwilligen Kündigungen in den USA seit 2009 stetig und linear angewachsen ist. Die Bindung von Mitarbeiter*innen ist sehr komplex und eine Vielzahl potenzieller Einflussfaktoren muss beachtet werden. Eine Meta-Analyse von Rubenstein et al. (2016) hat über 50 mögliche Einflussfaktoren auf die freiwillige Kündigungsentscheidung untersucht. Dabei stellten sich manche Faktoren als Treiber und manche als Hemmer der freiwilligen Kündigungsentscheidung von Mitarbeiter*innen heraus. Hemmende Wirkung entfalten die allgemeine Lebenszufriedenheit, die individuellen Fähigkeiten, mit Unwägbarkeiten umzugehen (i. e. Coping), die allgemeine Bindungsneigung eines Menschen, die konkrete Ausprägung der unternehmensspezifischen Bindung (emotionales, kognitives, kalkulatorisches Commitment) und die selbst wahrgenommene Passung zum Unternehmen. Treibende Wirkung entfalten die Faktoren der emotionalen Resignation im Beruf, eine bereits gestartete aktive Jobsuche, auftretende Fehlzeiten, mögliche Alternativen am Arbeitsmarkt und Stress oder Erschöpfungsgefühle am Arbeitsplatz.

Die Nutzung von KI-basierten Tools setzt sinnvollerweise dann genau im Umfeld dieser Faktoren an. Daher dienen die nachfolgenden Anwendungsbeispiele zur Inspiration der Nutzung intelligenter Technologie zur proaktiven Bindung von Talenten sowie zur operativen Automatisierung von Trennungsprozessen. Sie orientieren sich an der empirischen Evidenz wirksamer Treiber oder Hemmer von freiwilligen Kündigungen.

### 3.2.3.1 Virtual-Exit-Interviewer

Freiwillige Kündigungen durch Mitarbeiter*innen beenden häufig die letzte Station eines Mitarbeiter*innenpfads in Unternehmen. Meistens wird diese Gelegenheit genutzt, um die Einstellungen oder potenzielle Ursachen für den externen Jobwechsel über Exit-Interviews zu erfragen. Nun kann es bei aller Professionalität aus verschiedenen Gründen dazu kommen, dass Menschen sich zu diesem Zeitpunkt nicht die ganze Wahrheit mitteilen. Das schränkt die Lernmöglichkeiten des Unternehmens durch das Feedback deutlich ein. Genau an dieser Stelle kann intelligente Technologie eingesetzt werden, um als *virtueller Exit-Interviewer* zu fungieren. Die Funktionalität des KI-basierten Tools ist an dieser Stelle natürlich entscheidend. Studien zeigen, dass Menschen einem Chatbot durchaus das nötige Vertrauen entgegenbringen (Følstad et al. 2018; Nordheim et al. 2019). Ein wichtiger Faktor dafür ist die Menschenähnlichkeit des Tools. Aufgrund der rasant zunehmenden Entwicklung ist davon auszugehen, dass diese Herausforderung nicht lange von Relevanz sein wird. Der große Vorteil des virtuellen Exit-Interviewers ist die Möglichkeit der Zusicherung absoluter Anonymität für die Nutzer*innen. Denn für eine Auswertung der wichtigsten Treiber von Kündigungsentscheidungen und die Ausarbeitung wichtiger Themen im Feedback der Wechselnden ist es nicht notwendig, die Personen zu identifizieren. Der gesammelte Datenbestand aus transkribierten Interviews wird fortlaufend durch Textanalyseverfahren ausgewertet. Die Berichte werden den oberen Führungskräften regelmäßig aufbereitet zugesendet. Diese Informationen können als Grundlage von Gegenmaßnahmen genutzt werden und so kann aus jedem Exit gelernt werden. Durch die umgesetzten Verbesserungen können zukünftige Kündigungen eher verhindert werden und die generelle Qualität des Arbeitsumfelds wird erhöht. Zusätzlich wirkt sich der Einsatz dieser Technologie auch noch effizienzsteigernd aus. Denn vor dem Einsatz des virtuellen Exit-Interviewers verbringen hoch bezahlte Führungskräfte und meist eine weitere Person Arbeitszeit in den Exit-interviews.

### 3.2.3.2 Virtual-Exit-Interview-Trainer

Unternehmen können bei Exit-Interviews aber auch bewusst die Entscheidung treffen, dieses wichtige Austrittsgespräch nicht an eine intelligente Technologie auszulagern. Dies kann auch nur für bestimmte Jobgruppen oder für Positionen einer gewissen Hierarchieebene entschieden werden. Dies bedeutet aber nicht, dass diese Unternehmen gar keine KI-basierte Technologie im Kontext der Austrittsgespräche einzusetzen. Austrittsgespräche können sehr diffizil sein oder sogar das Potenzial zu gewisser Emotionalität bieten. Besonders für junge Führungskräfte sind diese Gespräche dann gegebenenfalls herausfordernd. Ein *virtueller Interview-Trainer* würde die Führungskräfte mithilfe maschineller Intelligenz dialogisch trainieren. Dabei könnten sogar verschiedene Gesprächssituationen simuliert werden, die verschiedene Schwierigkeitsgrade bereithalten. Dieses Tool stellt dabei nicht nur den virtuellen Gesprächspartner. Es vermag auch die geführten Dialoge zu analysieren und Verbesserungsvorschläge zu machen. Insbesondere in emotional aufgeladenen Gesprächen kann ein solches Tool helfen, Führungskräfte zu befähigen, die Emotionalität moderierend herauszunehmen. Auch in Situationen, in denen die austretende Person klare Kritik am bisherigen Arbeitgeber und der Führungssituation äußert, kann mit Blick auf den konstruktiven Umgang mit Kritik trainiert werden. Der virtuelle Interview-Trainer ist ein sehr gutes Beispiel für den gut verknüpften Einsatz intelligenter Technologie. In diesem Fall entscheidet ein Unternehmen, den wichtigen Lernmoment des Austrittsgesprächs zwischen den beteiligten Menschen stattfinden zu lassen. Um für diese Momente gut vorbereitet zu sein, wird eine intelligente Technologie explizit wegen ihrer exzellenten Imitationsfähigkeiten verwendet. Ein smartes Tool unterstützt die menschlichen Fähigkeiten eines Unternehmens.

### 3.2.3.3 Rehiring-Booster

Der Austritt von Mitarbeiter*innen wird deutlich zu häufig als Endpunkt der Karriere bei einem Unternehmen gesehen. Dabei wird häufig vergessen, dass die meisten Mitarbeiter*innen bei ihren neuen Arbeitgebern eine Probezeit durchlaufen werden. In dieser Zeit lernen sie die Realität des Arbeitsumfelds, des Umgangs und der Aufgaben im neuen Unternehmen kennen. Manche unter ihnen werden vielleicht nicht vollständig glücklich sein. Es bietet sich daher mangels längerer Kündigungsfrist an, die ehemaligen Kolleg*innen noch mal für ein *Rehiring* anzusprechen. Diese Rehirings können ebenfalls von intelligenter Technologie unterstützt werden. Diese Unterstützung erfolgt in verschiedener Hinsicht. Erstens: Das Tool qualifiziert die verlorenen Mitarbeiter*innen hinsichtlich der Wichtigkeit ihrer Fähigkeiten für das Unternehmen in verkraftbare und bereute Exits. Zweitens: Für die bereuten Exits analysiert das Tool die Inhalte aus den Austrittsgesprächen hinsichtlich der genannten Gründe für die Kündigung oder den Wechsel. Drittens: Das Tool dokumentiert die neue berufliche Station mithilfe der einsehbaren Neueinträge in professionellen sozialen Medien. Viertens: Das Tool wertet die Texte der Bewertungen des neuen Arbeitgebers auf entsprechenden Portalen (z. B. kununu) aus, um Ansatzpunkte für eine mögliche Unzufriedenheit des kürzlich gewechselten Mitarbeiter*innen zu finden. Fünftens: Das Tool erinnert die Führungskraft des ehemaligen Mitarbeitenden daran, im Verlauf der ersten sechs Monate nach Exit regelmäßig Kontakt aufzunehmen. Sechstens: Das Tool nutzt die gesammelten Informationen dazu, ein attraktives Rehiring-Angebot zusammenzustellen.

### 3.2.3.4 Haltungs-Coach

Die Körperhaltung beim Arbeiten ist ein wichtiger Faktor für viele physiologische Erkrankungen (Maldonado et al. 2021). Dabei scheint es vor allem gesundheitsförderlich zu sein, wenn Personen ihre Haltung mehrfach im Verlauf des Arbeitstags ändern und zudem immer aufrecht stehen oder sitzen. Ein KI-basiertes Videotool könnte die Aufnahmen aus virtuellen Meetings dazu nutzen, um die Haltung der Mitarbeiter*innen anonym zu analysieren. Basierend auf den Auswertungen der Videobilder, vergibt der *KI-Haltungs-Coach* Schulnoten für die Haltungspositionen der Mitarbeiter*innen. Je nach Beurteilung macht der Haltungs-Coach Verbesserungsvorschläge für den häufigeren Wechsel der Sitz- oder Stehposition. Als zusätzliches Feature fragt der Coach die Mitarbeiter*innen nach bestimmten Gesundheitssymptomen. Die ausgewerteten Daten könnten auch dem medizinischen oder betriebsärztlichen Dienst des Unternehmens mitgeteilt werden, um entsprechende gesundheitsfördernde Maßnahmen vorzubereiten. Der KI-basierte Haltungs-Coach kann außerdem Vorschläge für kleinere Halteübungen oder Stretching am Arbeitsplatz ausspielen.

### 3.2.3.5 Wellbeing-Advisor

Ein wichtiger Treiber für freiwilligen Arbeitgeberwechsel sind zu hoher arbeitsbezogener Stress und die mangelnde Möglichkeit abzuschalten (Rubenstein et al. 2017). Dadurch wird das proaktive Management von Stressreduktion sowie die Förderung mentaler Gesundheit und Entspannung zum wichtigen Eckpfeiler der Bindung aktueller Mitarbeiter*innen. Das ist ein sehr guter Anwendungsfall für intelligente Technologie. Ein KI-basiertes Tool könnte die arbeitsbezogenen Verhaltensweisen von Mitarbeiter*innen analysieren. Dies würde selbstverständlich nur bei entsprechender Zustimmung durch den Mitarbeitenden erfolgen. Das Fristigkeit der Ansetzung von Meetings, die Uhrzeiten, zu denen E-Mails gelesen, verfasst und versendet werden, die eingeplante Zeit für aktive Pausen, das Ansetzen von Reflexions- oder Ruhezeiten, die Häufigkeit auftretender Krankmeldungen oder Terminverschiebungen sind Beispiele für Verhaltensweisen, die Rückschlüsse auf ein gewisses Stressniveau zulassen. Im Fall einer digitalen Buchung in der Unternehmenskantine kann sogar das Essverhalten einbezogen werden. Die Nutzer*innen könnten die App auch mit ihrem Fitnesstracker koppeln, um zusätzliche Daten für die Analyse des Stressniveaus und Ausgleichsverhaltens zu bieten. Der *KI-basierte Wellbeing-Berater* könnte die Daten verschiedener Nutzer*innen verwenden, um Verhaltensempfehlungen auszusprechen. Basierend auf der Mobilität, des privaten Sport- und Ausgleichsverhaltens könnte so zum Beispiel eine optimierte Essensauswahl in der Bürokantine angestoßen werden. Die Buchung von Fitnessangeboten oder Ruheräumen sowie die Einplanung von aktiven Pausen im Arbeitsalltag sind weitere Möglichkeiten der fortlaufenden Optimierung der Verhaltens von Mitarbeiter*innen.

### 3.2.3.6 Leadership-Coach

Die wahrgenommene Führungsqualität ist ein entscheidender Faktor für wichtige Indikatoren wie zum Beispiel Mitarbeiter*innen-Engagement (Mazzetti et al. 2021) oder freiwillige Kündigungen (Rubenstein et al. 2017). Ähnlich dem Exit-Interview-Trainer könnte ein *intelligenter Leadership-Coach* eingesetzt werden, um Führungskräfte auf wichtige Elemente und Verbesserungen ihres Führungsverhaltens hinzuweisen. Die Leistungen dieses Tools reichen von operativen Hinweisen zur Häufigkeit von Austauschmeetings und Entwicklungsgesprächen über die Auswahl passender Führungsschulungen bis zur Auswertung der Transkripte von Entwicklungs- und Austauschmeetings. Zugleich macht das Tool auf neue Angebote für Mitarbeiter*innen aufmerksam und schlägt deren Anwendung vor. Auch gesetzliche Änderungen, die zu Vorteilen von Mitarbeiter*innen führen, können bei den Vorschlägen einbezogen werden. Nach und nach kann der virtuelle Leadership-Coach auch aus den Daten zum Verhalten anderer Führungskräfte lernen und deren Wirksamkeit mit Blick auf wichtige Kennzahlen (z. B. Kündigungsquote) auswerten. Diese Erkenntnisse können dann an alle

Führungskräfte ausgespielt werden. Dies kann auch durch bestimmte Events (z. B. anstehende Rückkehr aus der Elternzeit) in der Employee Journey ausgelöst werden.

### 3.2.3.7 Commute-Analyzer

Ein häufig unterschätzter Faktor der Arbeitsqualität ist die Zeit, die Mitarbeiter*innen für die An- und Abreise zum Arbeitsplatz verwenden. Stauzeiten und Störungen der öffentlichen Verkehrsmittel erhöhen zudem den Stress durch eine verzögerte oder sogar unpünktliche Ankunft im Büro. Zwar beinhaltet der aktuelle Trend der Arbeitsgestaltung die zunehmende Nutzung des Homeoffice oder von Remote-Arbeiten. Dennoch kann und will nicht jeder Mitarbeitende seine Arbeit im hybriden Setting erbringen. In diesem Fall bietet sich eine technologisch unterstützte Optimierung der Reisezeiten für Pendler*innen an. Eine KI-basierte Software könnte zum Beispiel die öffentlich verfügbaren Verkehrs- und Wetterdaten nutzen, um die optimalen Reisezeiten zu identifizieren. Das Tool kann auch dazu genutzt werden, um die besten Reisetage für ein möglichst reibungsloses Pendeln vorzuschlagen. Für Unternehmen bietet das Tool umfangreiche Analysemöglichkeiten und wichtige Informationen für die Planung von Workshops und Gruppen-Events. Auch für die gerne genutzten Offsite-Meetings oder sogenannte Retreats können die Planungsmöglichkeiten nützlich sein. Bei global agierenden Unternehmen kann das Tool für die Optimierung der Reisetätigkeiten genutzt werden. Auch die Auswahl der optimalen Orte für Workshops mit international Anreisenden ist für dieses Tool ein möglichweise wertvolles Feature.

### 3.2.3.8 Benefits-Suggester

Der Vergütungsmix aus monetären und nichtmonetären Bestandteilen ist ein wichtiges Element in der Bindungsstrategie eines Unternehmens (Jaworski et al. 2018). Organisationale Bindung besteht aus drei Dimensionen, die alle einen positiven Zusammenhang mit der Bleibentscheidung von Mitarbeiter*innen aufweisen (Guzeller et al. 2022). Doch verschiedene Studien zeigen auch, dass Menschen sehr unterschiedlich auf die gleichen HR-Maßnahmen (z. B. Benefits) reagieren (Liao et al. 2009; Xi et al. 2021; Escriba-Carda et al. 2017). Daher wird es für Unternehmen zukünftig immer wichtiger sein, ihre verschiedenen Vergütungsbausteine und Benefits auf die persönlichen Bedürfnisse der Mitarbeiter\*innen abzustimmen. Diese Personalisierung ist besonders in Unternehmen mit mindestens vierstelligen Mitarbeiter\*innenzahlen notwendig, durch intelligente Technologie zu unterstützen. Denn die Bedürfnisse so vieler unterschiedlicher Menschen sind einerseits kaum ohne technische Hilfe zu überblicken. Andererseits verändern sich Bedürfnisse auch entlang verschiedener Lebensphasen. Der *KI-basierte Benefits-Suggester* wird anhand aller vorhandenen Daten zur Nutzung verschiedener Benefits durch verschiedene Menschen in verschiedenen Lebensphasen trainiert. Im Anschluss kann das Tool den jeweiligen Führungskräften die passenden Benefits und Vergütungsbausteine für alle Mitarbeiter\*innen vorschlagen. Zusätzlich verfügt dieses Tool über die Möglichkeit, die Inanspruchnahme der jeweiligen Benefits administrativ in die Wege zu leiten. Zugleich kann das Tool natürlich auch den Mitarbeiter\*innen bei verschiedenen Events entlang ihres Arbeitslebens passende Benefits und Vergütungsvorschläge machen.

### 3.2.3.9 Life-Satisfaction-Coach

Eine Meta-Analyse von Rubenstein et al. (2017) zeigt deutlich, dass die allgemeine Lebenszufriedenheit der Mitarbeiter\*innen der wichtigste Faktor zur Verhinderung freiwilliger Kündigungen ist. Die allgemeine Lebenszufriedenheit hängt zu einem nicht geringen Teil von der wahrgenommenen Arbeitssituation ab (Diener et al. 2012). Die Annahme ist, dass Menschen, deren Lebenszufriedenheit sinkt, häufig versuchen, über eine Veränderung im Beruflichen neue Zufriedenheit zu gewinnen. Umgangssprachlich kennen wir das alle unter den Bonmots „sich in Arbeit stürzen" oder „sich über die Arbeit ablenken". Um die Bindungsneigung der Mitarbeiter\*innen zu schützen, wäre der Einsatz einer intelligenten Technologie sinnvoll. Ein *virtueller Life-Satisfaction-Coach* bietet Mitarbeiter\*innen die Möglichkeit zur digitalen Tagebuchführung, Stimmungen über Surveys zu erfassen und den Fortschritt bezüglich beruflicher, finanzieller und sozialer Lebensziele zu dokumentieren. Der Life-Satisfaction-Coach analysiert, nach vorheriger Zustimmung, diese Einträge und synchronisiert sich ebenfalls mit Smartphones und Smart-Gadgets sowie den darauf installierten Apps. Basierend auf diesen Analysen, bietet das Tool Vorschläge für mentalen Ausgleich, sportliche Aktivitäten, Veranstaltungen für Abwechslung im Sozialleben und Finanztipps an. Wenn von den Mitarbeiter\*innen gewünscht und entsprechend mit Zustimmungen belegt, kann das Tool auch entsprechende Angebote zu mentaler Gesundheit und Wellbeing des Unternehmens buchen. Durch die Vernetzung verschiedener Personen mit ähnlichen Herausforderungen kann die Technologie auch die gegenseitige Unterstützung von Mitarbeiter\*innen fördern. Die gesteigerte soziale Einbindung und die wahrgenommene Unterstützung durch das Unternehmen werden sich vorteilhaft auf das Bleibeverhalten der Mitarbeiter\*innen auswirken. Die Erkenntnisse des Tools können darüber hinaus zur Vermittlung von passenden Mentor\*innen an junge Nachwuchskräfte genutzt werden.

### 3.2.3.10 Employee-Relationship-Management-Plattform

Ein extrem wichtiger Faktor zur Bindung von Mitarbeiter\*innen ist die soziale Einbettung am Arbeitsplatz. Verschiedene wissenschaftliche Studien unterstützen die essenzielle Rolle von „Employee Job Embeddedness" entlang der Karrierephasen von Mitarbeiter\*innen (Jiang et al. 2012; Lee et al. 2014; Ng und Feldman 2007; Holmes et al. 2013; Ma et al. 2018). Diese Einbettung wird durch drei Dimensionen gestärkt. Erstens: die wahrgenommene Passung der Mitarbeiter\*innen mit ihrem organisationalen Umfeld. Zweitens: die Anzahl der sozialen Verbindungen innerhalb oder im direkten Umfeld des Arbeitgebers. Drittens: die emotionalen Kosten, die deshalb aus einer Veränderung des Arbeitgebers entstehen würden. Eine *KI-unterstützte Employee-Relationship-Management-Plattform* (ERM-Plattform) setzt genau dort an und versucht, die Einbettung von Mitarbeiter\*innen zu stärken. Im ersten Schritt sorgt ein intelligenter Algorithmus für die Verknüpfung verschiedener Mitarbeiter\*innen mit ähnlichen Interessen, Fähigkeiten, Lebensphasen und Karrierezielen. Im zweiten Schritt analysiert ein Algorithmus das organisationale Netzwerk der Sozialkontakte aller Mitarbeiter\*innen. Diese *Organisationale-Netzwerk-Analyse (ONA)* visualisiert diese Verknüpfungen und identifiziert zentrale Personen, die dieses Netzwerk durch ihre besonders eingebettete Position stützen. Im dritten Schritt sucht der Algorithmus nach Vernetzungsmustern im Zeitverlauf, um die Wachstumsszenarien des organisationalen Netzwerks abzuschätzen. Das Tool erlaubt dem Management von Unternehmen die Analyse der Auswirkungen verschiedener Maßnahmen oder Ereignisse (z. B. Mergers, Outsourcing, Festlichkeiten, Reorganisationen) auf die Knotenpunkte des Netzwerks. Auf der Seite der Mitarbeiter\*innen kann die ERM-Plattform ähnlich einem firmeninternen sozialen Netzwerk genutzt werden. Posts und Interessenberichte ermöglichen Mitarbeiter\*innen den Austausch zu jeglichen beruflichen, aber auch privaten Themen. Auch diese hier entstehenden Daten werden anonym in das Tool eingespeist, um die förderlichen und hemmenden Faktoren des Netzwerkwachstums zu identifizieren.

### 3.2.3.11 Virtual-Employee-Support-Assistant

Die Vereinbarkeit von Privat-, Familien- und Berufsleben ist für viele Menschen eine Herausforderung. Der organisatorische und zeitliche Aufwand nagen zudem an der häufig benötigten Ruhe zur Erholung von den Anstrengungen der Arbeit unter der Woche. Diese Herausforderungen mögen insbesondere in den Übergangsphasen des beruflichen und privaten Lebens entstehen. Wenn Menschen Eltern werden oder Angehörige plötzlich pflegen müssen. Wenn ein neuer Job beginnt oder eine Beförderung erfolgt ist. Zu diesen Zeiten müssen sich die veränderten Rollen erst wieder einspielen. Dabei gibt es häufig eine Reihe von öffentlichen Möglichkeiten und auch Firmenangebote, um in solchen Übergangsphasen zu helfen. Ein *KI-basierter Employee-Support-Assistant* könnte hier Abhilfe schaffen. Auf der einen Seite dient dieses

Tool als virtueller Ansprechpartner für Personen, die in einer Zeit des Übergangs Abgrenzungsprobleme zwischen den privaten und beruflichen Rollen haben. Das Tool stellt bedarfsbezogene Trainings und passendes Informationsmaterial zusammen. Es bietet auch direkten Kontakt zu wichtigen Anlaufstellen oder unterstützt bei der Abwicklung administrativer Prozesse. Ein konkretes Beispiel macht den Mehrwert eines solchen Tools deutlich. Angenommen, eine junge Familie wird vor die Herausforderung gestellt, dass sich der Nachwuchs als Schreikind erweist. Für solche Fälle kann es extrem wichtig sein, dass die jungen Eltern die passende Unterstützung finden und auch zeitnah erhalten. Die entsprechenden Dienste einer Hebamme sind oft knapp und auch an gewisse Voraussetzungen gebunden. Die in manchen Gesundheitseinrichtungen bestehenden Schreiambulanzen sind extrem wertvolle Anlaufstellen, aber auch an einige Voraussetzungen geknüpft. Der virtuelle Employee-Support-Assistent umfasst alle wichtigen Telefonnummern und Kontaktpunkte für solche Fälle und kennt auch die jeweiligen Voraussetzungen, um die Angebote in Anspruch nehmen zu können. So hilft dieses Tool den Mitarbeiter*innen speziell in dem beschriebenen Fall weiter und zeigt eine aktive Unterstützung durch den Arbeitgeber in einer Ausnahmesituation.

### 3.2.3.12 Pay-Structure-Manager

Ähnlich wie der Benefits-Suggestor (Abschn. 3.2.3.8) zielt ein weiterer möglicher Anwendungsfall für intelligente Technologie auf die Vergütung der Mitarbeiter*innen und damit deren Bindung an das Unternehmen ab. Allerdings fokussiert der *Gehaltsstruktur-Manager* eher die verschiedenen Dimensionen der Vergütungsgerechtigkeit innerhalb des Unternehmens. Das KI-basierte Tool wird mit allen Vergütungsdaten und insbesondere den Daten zur Vergütungshistorie gefüttert. Zuerst versucht der Algorithmus, Anomalien aufzudecken, um mögliche Ungerechtigkeiten in der Vergütungshistorie zu identifizieren. Das ist ein extrem wichtiger Schritt, um diese Verzerrungen nicht in die Zukunft fortzuschreiben. Es geht nicht um die Frage, welche Person eine solche Anomalie verursacht hat oder in welcher Weise jemand davon profitiert hat. Die Ziele sind lediglich die Verbesserung der Vergütungsstrategie und die Erhöhung der Gerechtigkeit zwischen verschiedenen Personen innerhalb des Unternehmens. Im zweiten Schritt vergleicht der Algorithmus die Vergütungshistorien aller Mitarbeiter*innen. Dabei interessieren vor allem zwei Fragen:

- Zu welchen Zeitpunkten in ihrer jeweiligen Karriere haben sie eine Gehaltserhöhung erhalten?
- Welche Bestandteile umfasst ihr Vergütungspaket?
- Welche Gehaltsbausteine hat der jeweilige Mitarbeitende selbst gewählt?

Die Antworten auf diese Fragen ermöglichen den aktuellen Führungskräften, die Vergütung ihrer Teammitglieder zu rekapitulieren. Das Tool empfiehlt auf Basis der Datenanalysen auch gezielte Gehaltserhöhungen für einzelne Teammitglieder. Dabei werden die bisherigen Gehaltshistorien und die vielleicht anstehenden Karriereschritte auch einbezogen, um eine prozentuale Verteilung möglicher Vergütungsbudgets auf verschiedene Mitarbeiter*innen zu empfehlen.

## 3.3 Abschließender Ausblick auf ein neues HR-Betriebssystem

Der hier vorgeschlagene Ausblick auf ein möglichst Erfolg versprechendes Personalmanagement im Kontext der Zukunft der Arbeit kann in einem Satz zusammengefasst werden:

> Es braucht ein neues Personalmanagement als Plattform-basiertes Ökosystem, das von intelligenter Technologie gestützt wird, um moderne Crowdwork-Experience zu gestalten.

Dieser Ausblick bezeichnet nicht weniger als eine Transformation hin zu einem grundsätzlich neuen HR-Betriebssystem. Vereinfacht ausgedrückt lautet die abschließende These dieses Buches: Die meisten Themenfelder dieses neuen Personalmanagements müssen nicht mehr zwingend innerhalb eines Unternehmens angesiedelt sein. Jedes Unternehmen könnte heute beginnen, bestimmte Dienstleistungen seiner HR-Fachbereiche auch direkt über ein Plattformmodell am Markt anzubieten. Neben der internen Dienstleistung ergeben sich daraus folgende Vorteile:

- Zusätzliche Umsatzströme aus HR-Dienstleistungen
- Zugewinn an externem Marktwissen und Prozesserfahrung
- Optimierung der eigenen Prozesse durch externe Testumgebung
- Direkter und schwer imitierbarer Zugang zu Nachwuchstalenten
- Spielfeld für Kooperationen mit Anbietern intelligenter Technologie
- Früherkennung neuer Investitionsmöglichkeiten

Dieses neue HR-Betriebssystem lässt sich am besten durch ein Beispiel verdeutlichen. Man stelle sich einen Teil dieses HR-Ökosystems als digitale Plattform vor, auf der sich Crowdworker und Themenexpert*innen zum freien Austausch von HR-Dienstleistungen treffen können. Auf dieser Plattform können sich Freelancer*innen, Themenexpert*innen in Vollzeit oder Nebentätigkeiten registrieren und Profile samt ihrer Expertise und Dienstleistungen erstellen. Unternehmen oder Privatpersonen fragen diese Dienstleistungen dann nach und es kommt zum Match. Insoweit sind diese Plattformen nicht neu. Das Novum liegt darin, dass zukunftweisende Unternehmen heute beginnen würden, nicht mehr nur Kunde dieser Plattform, sondern selbst Betreiber dieser Plattform zu sein. Zugleich ermöglicht man allen interessierten Mitarbeiter*innen auf dieser Plattform, in Nebentätigkeit aktiv zu werden. Für den Kontext des Personalmanagements bedeutet dieser Ansatz, dass die Mitarbeiter*innen der Personalabteilung zum Beispiel ihre Fähigkeiten in den Bereichen Personalauswahl, -entwicklung, -beratung, -begleitung und -bindung anbieten können. Andere Unternehmen fragen diese Fähigkeiten nach und alle nötigen Transaktionen werden direkt digital abgewickelt.

**Die Rolle des Personalmanagements im digitalen HR-Betriebssystem**
Digitale Plattformen oder Plattform-basierte Ökosysteme weisen eine grundsätzlich andere Funktionsweise auf (siehe Abschn. 2.2.1). Daraus folgt eine neue Aufgabenstellung für das Personalmanagement als Ganzes. Das Personalmanagement der Zukunft ist Betreiber des digitalen HR-Ökosystems. Die Ziele als Betreiber dieses Ökosystems sind nicht mehr mit den heutigen Zielen vergleichbar. Die heutigen Ziele des Personalmanagements sind den einzelnen Unterfunktionen zugeteilte operative Ziele und darüber liegende strategische Ziele. Die zukünftigen Ziele sind vollständig auf die strategische Ausrichtung und den Betrieb der digitalen HR-Plattform ausgerichtet. Zu diesen Zielen gehören beispielsweise:

- Definition einer klaren Vision für die digitale HR-Plattform
- Aufbau einer Digitalisierungsstrategie für die digitale HR-Plattform
- Klärung einer Wachstumsstrategie für die digitale HR-Plattform
- Herausarbeiten der angestrebten Kerninteraktionen auf der HR-Plattform
- Abwägen der passenden Monetarisierungen für die digitale HR-Plattform
- Aufbau einer griffigen Marketingstrategie für die digitale HR-Plattform
- Festlegen der Regeln für Governance der digitalen HR-Plattform
- Schaffung der Rahmenbedingungen für den Schutz der Nutzer*innen der digitalen HR-Plattform

**Die Rolle der Personaler*innen im digitalen HR-Betriebssystem**
Aus den Mitarbeiter*innen der Personalabteilungen von heute wird zukünftig eine Hauptgruppe der Nutzer*innen der digitalen HR-Plattform mindestens eines Unternehmens. An die Stelle der heute noch oft genutzten Rollenmodelle (Ulrich 1998, 2017) aus administrativen Expert*innen, Employee-Champions, strategischen Partner*innen oder Change-Agents treten neue Rollenbilder:

- **Automation-Expert*in:** Auf den Einsatz von Automatisierungslösungen ausgerichtet
- **Experience-Champion:** Auf den Erfolg von Teams durch optimales Work Design ausgerichtet
- **Analytics-Partner*in:** Auf Entscheidungsunterstützung durch Analytics ausgerichtet
- **Innovation-Scout:** Auf ethisch aufgeklärte Technologiebeurteilung und -einsatz ausgerichtet

Diese Wandlung der Rollenbilder wird eine große Herausforderung. So sind die heute oft geltenden Rollenbilder zumeist durch gut eingeübte Routinen geprägt. Diese Routinen bedeuten ein gewisses Maß an Verharrungsvermögen und Resistenz gegen den Wandel in Richtung eines digitalen Plattformmodells. Aus meiner Sicht werden vor allem die Flexibilisierung der zukünftigen Rollenbilder und eine gut geplante und sauber unterstützte Weiterbildung heutiger Mitarbeiter*innen der Personalabteilungen nötig sein.

Die **Flexibilisierung** sieht vor, dass diese eben beschriebenen Rollen auch anteilig von Personen ausgefüllt werden. Heute sind die klassischen Rollen des Ulrichschen Modells von Unternehmen sehr häufig in ein starres Drei-Säulen-Modell gegossen worden. Diese Starrheit entsprach zwar nicht der Intention des Erfinders Dave Ulrich, trägt aber dennoch dazu bei, dass wir es vielfach mit sehr spezifischen Fähigkeitsbündeln und Spezial- oder Expert*innentätigkeiten zu tun haben. Diese oft hoch spezialisierten Routinetätigkeiten sehen sich einer wachsenden Automatisierungstendenz gegenüber (siehe Abschn. 2.1.1). Da intelligente Technologie auf absehbare Zeit vornehmlich „spezifische Intelligenz" aufweisen wird, ist es umso wichtiger, dass deren Einsatz von generalistisch einsetzbaren Personen ergänzt wird. Daher ist das eben skizzierte zukünftige Rollenmodell für die Personaler*innen nicht starr zu sehen. Jede Person kann entsprechend den Interessen verschiedene Rollen einnehmen. Genau dank dieser Flexibilisierung werden die Personaler*innen der Zukunft einen großen Beitrag zum Erfolg des Plattform-basierten Modells liefern können. Und nur durch diesen hohen Wert der Beiträge der Personaler*innen werden andere

Gruppen von Nutzer*innen einen Mehrwert in der Plattform sehen und dieser beitreten.

Für diese Rollenbilder werden neue Fähigkeitsbündel gebraucht und daher ist **Weiterbildung** ein wichtiger Aspekt des Wandels hin zu einem digitalen HR-Plattformmodell. Um den jeweilig präferierten Rollenmix gut auszufüllen, werden eine Mischung an konkreten Fähigkeiten sowie eine Reihe an übergeordneten Fähigkeiten benötigt. Zu den *übergeordneten Fähigkeiten* zählen z. B. ein gutes Verständnis für verschiedene Technologieformen und deren Vor- und Nachteile im Einsatz für personalwirtschaftliche Zwecke. Es handelt sich dabei häufig um Transferwissen aus verschiedenen Wissensbereichen und erfordert eine sehr generalistische Weiterbildung. Es ist entscheidend zu verstehen, dass diese generalistische Weiterbildung zugunsten eines starken Spezialisierungsdrangs der letzten zwei Jahrzehnte heute kaum existiert. Zu den *konkreten Fähigkeiten* zählen ein tieferes Verständnis des Einsatzes konkreter Technologien (z. B. GPT-basierte Tools) sowie strikt menschliche Fähigkeiten (z. B. soziale Fähigkeiten). Letztere sind für die Folgenabschätzung des Technologieeinsatzes extrem wichtig. Zudem sind es genau diese Fähigkeiten, um die spezifisch-intelligente Tools ergänzt werden müssen. Sie sind zusätzlich sehr entscheidend bei der Vermittlung und Begleitung des Technologieeinsatzes zu personalwirtschaftlichen Zwecken.

Die Vorteile dieses Plattform-basierten Ansatzes liegen auf der Hand. Aktuelle Mitarbeiter*innen können Wertschätzung für ihre Expertise erfahren, insbesondere wenn ihre Fähigkeiten in ihrem aktuellen Job nur teilweise abgerufen werden. Die externen Erfahrungen durch die Kundenprojekte sind direkte Weiterbildung für die Mitarbeiter*innen. Sie sammeln wichtige Erfahrungen, lernen neue Trends und Fragestellungen kennen, die auch für ihren Hauptberuf nützlich sein können. Sie generieren Umsatz, an dem ihr Arbeitgeber als Plattformbetreiber beteiligt wird. Das Unternehmen erhält wichtige Einblicke in Markttrends und die Intensität der Nachfrage für bestimmte Tätigkeiten durch andere Unternehmen. Basierend auf diesen Daten, können technische Applikationen, Tools und Prozessinnovationen angestoßen und direkt auf der Plattform getestet werden, bevor diese im eigenen Unternehmen eingesetzt werden. Die noch nicht angestellten Freelancer*innen und Themenexpert*innen auf der Plattform werden über ein Ratingsystem fortlaufend bewertet. Die Plattform ist also zugleich eine riesige Ressource für das eigene Active Sourcing. Neben dieser Plattform für Freelancer*innen könnte so auch eine Plattform für Recruiting und Talent-Relationship-Management entstehen. Das Betreiberunternehmen könnte z. B. eine Vielzahl von Dienstleistungen für Selbstständige anbieten. Auch hier kann HR eine zentrale Rolle spielen. Das Angebot könnte Weiterbildungs- und Entwicklungsmöglichkeiten umfassen, die zur Professionalisierung der Plattformteilnehmer*innen beitragen. So wird aus den beiden Plattformen ein sich gegenseitig verstärkendes Ökosystem. Die Teilnehmer*innen werden fortlaufend professionalisiert. Dadurch steigert sich die Qualität ihrer Dienstleistungen. Mehr Kund*innen nehmen an der Plattform teil und fragen die Dienstleistungen nach. Das lockt immer mehr Freelancer*innen auf die Plattform. Daraus ergibt sich ein höheres Active-Sourcing-Potenzial für das Betreiberunternehmen. Nach anfänglichem Wachstum könnte das Ökosystem dann sogar um eine Plattform zur externen Personalvermittlung erweitert werden.

Die Zukunft der Smart-Work-Experience wird den Unternehmen gehören, die verschiedene solcher Plattformen erfolgreich betreiben und zu einem Business-Ökosystem verbinden. Bereits heute können Unternehmen damit anfangen, eine vertrauensvolle Community, vielleicht beginnend mit Freelancer*innen und jungen Menschen (z. B. Schüler*innen, Auszubildende und Studierende), aufzubauen. Auf Basis dieser Community kann dann mit dem Aufbau der jeweiligen technologischen Plattformen begonnen werden. Der Erfolg einer solchen Strategie wird nur den Unternehmen zuteilwerden, die es frühzeitig schaffen, die Wachstumsphase ihrer jeweiligen Plattformen zu erreichen. Das abschließende Beispiel zeigt jedoch auch, wie umfassend sich die Perspektive auf Personalmanagement ändern muss, um eine solche Strategie erfolgreich umzusetzen. Das Potenzial ist enorm. Der Weg wird in jedem Fall herausfordernd.

# Literatur

Ariely, D. (2009). Predictably Irrational, Revised and Expanded Edition: The Hidden Forces That Shape Our Decisions. Harper.

Ashkenas, R. (2007). Simplicity-Minded Management. Harvard Business Review. December 2007. https://hbr.org/2007/12/simplicity-minded-management.

Attaran, M.; Attaran, S. (2019). The rise of embedded analytics: Empowering Manufacturing and Service Industry with Big Data. https://www.researchgate.net/profile/Mohsen-Attaran/publication/324046341_The_Rise_of_Embedded_Analytics_Empowering_Manufacturing_and_Service_Industry_With_Big_Data/links/5b647b6ca6fdcc94a70bff34/The-Rise-of-Embedded-Analytics-Empowering-Manufacturing-and-Service-Industry-With-Big-Data.pdf.

Autor, D. H.; Katz, L. F.; Kearney M. S. (2006) The polarization of the U.S. labor market. NBER Working Paper: https://www.nber.org/system/files/working_papers/w11986/w11986.pdf.

Autor, D. H.; Dorn, D. (2009) The Growth of Low Skill Service Jobs and the Polarization of the U.S. Labor Market. NBER Working Paper.

Acemoglu, D. (2000). Technical Change, Inequality, and the labor market. Working Paper.

Acemoglu, D.; Autor, D. (2010) Skills, Tasks and Technologies: Implications for Employment and Earnings, Handbook of Labor Economics, volume 4.

Arntz, M.; Gregory, T.; Zierahn, U.; Lehmer, F.; Matthes, B. (2018): Digitalisierung und die Zukunft der Arbeit: Makroökonomische Auswirkungen auf Beschäftigung, Arbeitslosigkeit und Löhne von morgen, ZEW-Gutachten und Forschungsberichte, Zentrum für Europäische Wirtschaftsforschung (ZEW), Mannheim.

Bana, S. H. (2021). Work2vec: Using language models to understand wage premia. Working paper. Stanford University. https://digitaleconomy.stanford.edu/publications/job2vec-using-language-models-to-understand-wage-premia/.

Barrero, J. M.; Bloom, N.; Davis, S. J. (2021). Why Working from Home Will Stick. NBER Working Paper No. 28731 April 2021.

Bartneck, Ch.; Lütge, Ch.; Wagner, A.; Welsh, S. (2019). Ethik in KI und Robotik. Hanser.

Bornet, P.; Barkin, I.; Wirtz, J. (2021). Intelligent Automation – Learn how to harness artificial intelligence to boost business and make our world more human.

Bridoux, F.; Coeurderoy, R.; Durand, R. (2011). Heterogenous motives and the collective creation of value. Academy of Management Review. 36 (4). 711–730.

Brynjolfsson, E.; McAfee, A. (2016). The Second Machine Age. WW Norton, 2016.

Cambridge Dictionary (2022). Analytics: https://dictionary.cambridge.org/de/worterbuch/englisch/analytics. Abgerufen am 17.08.2022.

Center for Economic and Policy Research (2017). The Decline of Blue-Collar Jobs, In Graphs. https://cepr.net/the-decline-of-blue-collar-jobs-in-graphs/. Abgerufen am 7.11.2022.

Coase; R. C. (1937). The Nature of the Firm. In: Economica. 4, S. 386–405.

Coleman, J. S. (1988). The role of social capital in the creation of human capital. The American Journal of Sociology, Vol. 94.

Cote, C. (2021). $ types of data analytics to improve decision-making. Harvard Business School Blog. https://online.hbs.edu/blog/post/types-of-data-analysis. Abgerufen am 17.08.2021.

Darroch, J. (2005), "Knowledge management, innovation and firm performance", Journal of Knowledge Management, Vol. 9 No. 3, pp. 101–115. https://doi.org/10.1108/13673270510602809.

Deming, D. J. (2017). The growing importance of social skills in the labor market. The Quarterly Journal of Economics, Volume 132, Issue 4, November 2017, Pages 1593–1640, https://doi.org/10.1093/qje/qjx022.

Dengler, K.; Matthes, B. (2015): Folgen der Digitalisierung für die Arbeitswelt: In kaum einem Beruf ist der Mensch vollständig ersetzbar, IAB-Kurzbericht, No. 24/2015, Institut für Arbeitsmarkt- und Berufsforschung (IAB), Nürnberg.

Diener, E.; Shigehiro, O.; Richard, E. L., (2009). Subjective Well-Being: The Science of Happiness and Life Satisfaction, in Shane J. Lopez, and C. R. Snyder (eds), The Oxford Handbook of Positive Psychology, 2nd edn (2009; online edn, Oxford Academic, 18 Sept. 2012), https://doi.org/10.1093/oxfordhb/9780195187243.013.0017.

Escribá-Carda, N.; Balbastre-Benavent, F., Canet-Giner, M.T. (2017). Employees' perceptions of high-performance work systems and innovative behaviour: The role of exploratory learning. European Management Journal. Volume 35, Issue 2, April 2017, Pages 273–281. https://doi.org/10.1016/j.emj.2016.11.002.

Edmondson, A. C. (2018). The Fearless Organization: Creating Psychological Safety in the Workplace for Learning, Innovation, and Growth. Wiley.

Epstein, D. (2016). Range. Why generalists triumph in a specialized world. Riverhead books.

Evans, D. S., Schmalensee, R. (2016). Matchmakers: The new economics of multisided platforms. Harvard Business Review Press.

Fehr, E. (2008): On the Economics and Biology of Trust, SOEPpapers on Multidisciplinary Panel Data Research, No. 154, Deutsches Institut für Wirtschaftsforschung (DIW), Berlin.

Fehr, E., Schwarz, G. (2002). Psychologische Grundlagen der Ökonomie. Über Vernunft und Eigennutz hinaus. Verlag Neue Zürcher Zeitung.

Felten, E. W., Raj, M., Seamans, R. (2023). How will language modelers like ChatGPT affect occupations and industries? Available at SSRN: https://ssrn.com/abstract=4375368 or https://doi.org/10.2139/ssrn.4375268.

Fischbacher, U.; Gächter, S.; Fehr, E. (2001). Are people conditionally cooperative? Evidence from a public goods experiment, Economics Letters, Volume 71, Issue 3, 2001, Pages 397–404, ISSN 0165-1765, https://doi.org/10.1016/S0165-1765(01)00394-9.

Flage, A. (2019). Discrimination against gays and lesbians in hiring decisions: a meta-analysis. International Journal of Manpower. 41(6). 671–691.

Følstad A., Nordheim C. B., Bjørkli C. A. (2018) What Makes Users Trust a Chatbot for Customer Service? An Exploratory Interview Study. In: Bodrunova S. (eds) Internet Science. INSCI 2018. Lecture Notes in Computer Science, vol 11193. Springer. https://doi.org/10.1007/978-3-030-01437-7_16.

Fuller, J., Kerr, W. (2022). The great resignation didn't start with the pandemic. Harvard Business Review Online. March 23, 2022. https://hbr.org/2022/03/the-great-resignation-didnt-start-with-the-pandemic abgerufen am 24.10.2022.

Galenianos, M. (2014). Hiring through referrals. Journal of Economic Theory. Volume 152, July 2014, Pages 304–323. https://doi.org/10.1016/j.jet.2014.03.009.

Goos, M.; Manning, A. (2003) Lousy and Lovely Jobs: The Rising Polarization of Work in Britain. http://eprints.lse.ac.uk/20002/1/Lousy_and_Lovely_Jobs_the_Rising_Polarization_of_Work_in_Britain.pdf.

Goos, M.; Manning, A.; Salomons, A. (2014). Explaining Job Polarization: Routine-Biased Technological Change and Offshoring. American Economic Review. http://eprints.lse.ac.uk/59698/1/Manning_Explaining%20job_2016.pdf.

Granovetter, M. (1985). Economic Action and Social Structure: The Problem of Embeddedness. American Journal of Sociology, 91(3), 481–510. http://www.jstor.org/stable/2780199.

Guzeller, C. O. and Celiker, N. (2020), "Examining the relationship between organizational commitment and turnover intention via a meta-analysis", International Journal of Culture, Tourism and Hospitality Research, Vol. 14 No. 1, pp. 102–120. https://doi.org/10.1108/IJCTHR-05-2019-0094.

Harush, U., Barzel, B. (2017) Dynamic patterns of information flow in complex networks. Nat Commun 8, 2181. https://doi.org/10.1038/s41467-017-01916-3. https://www.nature.com/articles/s41467-017-01916-3.

Holmes, P., Baghurst, T., Chapman, T. (2013). Employee Job Embeddedness: Why People Stay. International Journal of Business Management and Economic Research (IJBMER). Vol 4(5), 802–813.

Illowsky, B.; Dean, S. (2018). Introductory Statistsics. OpenStax. https://assets.openstax.org/oscms-prodcms/media/documents/IntroductoryStatistics-OP_i6tAI7e.pdf.

ISA – International Society of Automation (2022). What is Automation? https://www.isa.org/about-isa/what-is-automation#:~:text=The%20

dictionary%20defines%20automation%20as,delivery%20of%20products%20and%20services.%E2%80%9D (Abruf am 15.08.2022).

Jacobides, M. G.; Cennamo, C.; Gawer, A (2018). Towards a theory of ecosystems. Strategic Management Journal, S. 1–22. https://doi.org/10.1002/smj.2904.

Jaworski, C., Ravichandran, S., Karpinski, A. C., Singh, S. (2018). The effects of training satisfaction, employee benefits, and incentives on part-time employees' commitment. International Journal of Hospitality Management. Volume 74, August 2018, Pages 1–12. https://doi.org/10.1016/j.ijhm.2018.02.011.

Jiang, K.; Lepak, D.P.; Hu, J; Baer, J.C. (2012): How Does Human Resource Management Influence Organizational Outcomes? A Meta-Analytic Investigation of Mediating Mechanisms. Academy of Management Journal, 55(6), S. 1264-1294, https://journals.aom.org/doi/10.5465/amj.2011.0088

Jiang, K., Liu, D., McKay, P. F., Lee, T. W., & Mitchell, T. R. (2012). When and how is job embeddedness predictive of turnover? A meta-analytic investigation. Journal of Applied Psychology, 97(5), 1077–1096. https://doi.org/10.1037/a0028610.

Kahneman, D., & Tversky, A. (1979). Prospect Theory: An Analysis of Decision under Risk. Econometrica, 47(2), 263–291. https://doi.org/10.2307/1914185.

Kaplan, A. M., & Haenlein, M. (2019). Siri, Siri, in my hand: Who's the fairest in the land? On the interpretations, illustrations, and implications of artificial intelligence. Business Horizons, 62(1), 15-25. https://doi.org/10.1016/j.bushor.2018.08.004.

Krüger, S. (2021). Die KI-Entscheidung: Künstliche Intelligenz und was wir daraus machen. Springer.

Koch, A. J., D'Mello, S. D., & Sackett, P. R. (2015). A meta-analysis of gender stereotypes and bias in experimental simulations of employment decision making. Journal of Applied Psychology, 100(1), 128–161.

Lee, J., Shin, K., Baeck, S., & Heo, C. (2014). The effectiveness of job embeddedness in turnover studies: A meta-analysis. Korean Journal of Industrial and Organizational Psychology, 27(4), 743–779. https://doi.org/10.24230/kjiop.v27i4.743-779.

Lipsey, Richard; Kenneth I. Carlaw; Clifford T. Bekhar (2005). Economic Transformations: General Purpose Technologies and Long-Term Economic Growth. Oxford University Press. pp. 131–218. ISBN 978-0-19-928564-8.

Ma, Q. K., Mayfield, M. and Mayfield, J. (2018), "Keep them on-board! How organizations can develop employee embeddedness to increase employee retention", Development and Learning in Organizations, Vol. 32 No. 4, pp. 5–9. https://doi.org/10.1108/DLO-11-2017-0094.

Maldonado, M., Orbe, N., Garcia, M. G. (2021). Analysis of the Effects of the Prolonged Standing and Sitting Posture on Physiological Indicators, and the Potential Impact on Health: A Systematic Review and Meta-Analysis. Proceedings of the International Conference on Industrial Engineering and Operations Management Sao Paulo, Brazil, April 5–8, 2021.

Malone, T. W. (2018). Superminds: The surprising power of people and computers thinking together. One World.

Marler, J. H. und Boudreau, J. W. (2017): An evidence-based review of HR Analytics. International Journal of Human Resource Management, 28(1). S. 3–26.

Mazzetti, G., Robledo, E., Vignoli, M., Topa, G., Guglielmi, D., & Schaufeli, W. B. (2021). Work Engagement: A meta-Analysis Using the Job Demands-Resources Model. Psychological Reports, 0(0). https://doi.org/10.1177/00332941211051988.

Philip Meier. (2019). How do digital platforms make their money?. Zenodo. https://doi.org/10.5281/zenodo.3365944.

Moore, J. F. (1993). Preditor and Prey: A new ecology of competition. Harvard Business Review. (5). https://hbr.org/1993/05/predators-and-prey-a-new-ecology-of-competition.

Palacios Marqués, D. and José Garrigós Simón, F. (2006), "The effect of knowledge management practices on firm performance", Journal of Knowledge Management, Vol. 10 No. 3, pp. 143–156. https://doi.org/10.1108/13673270610670911.

Mühlbauer, D. (2016). Individual heterogeneity and collective behavior formation: Theory, experiments, and implications for human resource management. HCMembers Verlag.

Mühlbauer, D. (2017). People Analytics: Ein praxisorientiertes Umsetzungsmodell. Handbuch HR-Management. https://handbuch-hr.de/people-analytics-ein-praxisorientiertes-umsetzungsmodell/.

Nedelkoska, L. and G. Quintini (2018), "Automation, skills use and training", OECD Social, Employment and Migration Working Papers, No. 202, OECD Publishing, Paris. https://doi.org/10.1787/2e2f4eea-en.

Ng, T. W. H., Feldman, D. C. (2007). Organizational embeddedness and occupational embeddedness across career stages. Journal of Vocational Behavior. Volume 70, Issue 2, April 2007, Pages 336–351. https://doi.org/10.1016/j.jvb.2006.10.002.

Nordheim, C. B., Følstad, A., & Bjørkli, C. (2019). An Initial Model of Trust in Chatbots for Customer Service – Findings from a Questionnaire Study. Interacting with Computers. DOI: https://doi.org/10.1093/iwc/iwz022.

Peng, S., Kalliamvakou, E., Cihon, P., Demirer, E. (2023). The impact of AI on developer productivity: Evidence from GitHub Copilot. Working Paper available at: https://arxiv.org/pdf/2302.06590.pdf.

Pfeiffer, S.; Suphan, A. (2015): Der AV-Index. Lebendiges Arbeitsvermögen und Erfahrung als Ressourcen auf dem Weg zu Industrie 4.0. Working Paper 2015 #1, Universität Hohenheim, Fg. Soziologie. Download: http://www.sabine-pfeiffer.de/files/downloads/2015-Pfeiffer-Suphan-draft.pdf.

Pine, Joseph B.; Gilmore, James H. (1998). Welcome to the experience economy. HBR https://hbr.org/1998/07/welcome-to-the-experience-economy.

Pine, J. and Gilmore, J. (1999) The Experience Economy, Harvard Business School Press, Boston, 1999.

Puscher, F. (2022). KI oder Mensch. Wer schreibt besser? https://meedia.de/2022/10/03/ki-oder-mensch-wer-schreibt-besser/. Zuletzt abgerufen am 07.11.2022.

Ren, L. R., Paetzold, R. L., Colella, A. (2008). A meta-analysis of experimental studies on the effects of disability on human resource judgements. Human Resource Management Review. 18. 191–203.

Rousi, R.; Silvennoinen, J. (2018). Simplicity and the art of something more: A cognitive-semiotic approach to simplicity and complexity in human-technology interaction and design experience. Human Technology, 14(1), 67–95.

Rozovsky, J. (2015). The five keys to a successful Google team. Re:Work Blog. https://rework.withgoogle.com/blog/five-keys-to-a-successful-google-team/. Abgerufen am 10.11.2022.

Rubenstein, AL, Eberly, MB, Lee, TW, Mitchell, TR. (2018). Surveying the forest: A meta-analysis, moderator investigation, and future-oriented discussion of the antecedents of voluntary employee turnover. Personnel Psychology. 2018; 71: 23– 65. https://doi.org/10.1111/peps.12226.

Rudolph, C. W.; Wells, C. I.; Weller, M. D., Baltes, B. B. (2009). A meta-analysis of empirical studies of weight-based bias in the workplace. Journal of Vocational Behavior. 74. 1–10.

Schwab, K. (2017). The Fourth Industrial Revolution. Portfolio Penguin; 1. Edition

Simon, H. A. (1955). "A Behavioral Model of Rational Choice", Quarterly Journal of Economics, 69(1): 99–118. https://doi.org/10.2307/1884852.

Simon, H. A. (1990). Bounded Rationality. In: Eatwell, J., Milgate, M., Newman, P. (eds) Utility and Probability. The New Palgrave. Palgrave Macmillan, London. https://doi.org/10.1007/978-1-349-20568-4_5.

Schmidt, F. L., & Hunter, J. E. (1998). The validity and utility of selection methods in personnel psychology: Practical and theoretical implications of 85 years of research findings. Psychological Bulletin, 124(2), 262–274. https://doi.org/10.1037/0033-2909.124.2.262.

Schmidt, F., Oh, I., Shaffer, J. (2016). The Validity and Utility of Selection Methods in Personnel Psychology: Practical and Theoretical Implications of 100 Years of Research Findings. Working Paper.

Spitz-Oener, A. (2006). Technical change, job tasks, and rising educational demands: Looking outside the wage structure. Journal of Labor Economics. https://www.researchgate.net/profile/Alexandra-Spitz-Oener/publication/24099970_Technical_Change_Job_Tasks_and_Rising_Educational_Demands_Looking_Outside_the_Wage_Structure/links/5a1d60874585153731898ed9/Technical-Change-Job-Tasks-and-Rising-Educational-Demands-Looking-Outside-the-Wage-Structure.pdf.

Thielmann, I., Spadaro, G., Balliet, D. (2020). Personality and prosocial behavior: a theoretical framework and meta-analysis.

Uggerslev, K. L., Fassina, N. E. and Kraichy, D. (2012), Recruiting Through the Stages: A Meta-Analytic Test of Predictors of Applicant Attraction at Different Stages of the Recruiting Process. Personnel Psychology, 65: 597–660. https://doi.org/10.1111/j.1744-6570.2012.01254.x.

Ulrich, D. (1998), A new Mandate for Human Resources. Harvard Business Review. https://hbr.org/1998/01/a-new-mandate-for-human-resources.

Ulrich, D. (2017), "HR dreht sich nicht um HR". Interview der Haufe Online Redaktion: https://www.haufe.de/personal/hr-management/dave-ulrich-bilanz-zum-hr-business-partner-modell_80_420004.html.

Van Duyet, L.; Quan, V. M.; An, D. Q. (2017). Skill2vec: Machine Learning Approach for Determining the Relevant Skills from Job Description. Working Paper. Cornell University. https://arxiv.org/abs/1707.09751.

Violante, G. L. (2016) Skill-Biased Technical Change: https://link.springer.com/referenceworkentry/10.1057/978-1-349-95121-5_2388-1.

Walsh, S. (2022). The top 10 social media sites & platforms 2022. Search Engine Journal. https://www.searchenginejournal.com/social-media/biggest-social-media-sites/#close; abgerufen: 31.07.2022.

Williamson, O. (1975). Markets and Hierarchies. New York: Free Press.

Williamson, Peter James and De Meyer, Arnoud. Ecosystem Advantage: How to Successfully Harness the Power of Partners. (2012). California Management Review. 55, (1), 24–46.

Westlund, H.; Adam, F. (2010). Social Capital and Economic Performance: A Meta-analysis of 65 Studies, European Planning Studies, 18:6, 893–919. https://doi.org/10.1080/09654311003701431.

Wolter, Marc Ingo et al. (2016): Wirtschaft 4.0 und die Folgen für Arbeitsmarkt und Ökonomie: Szenario-Rechnungen im Rahmen der BIBB-IAB-Qualifikations- und Berufsfeldprojektionen, IAB-Forschungsbericht, No. 13/2016, Institut für Arbeitsmarkt- und Berufsforschung (IAB), Nürnberg.

Wu, I.-L. and Chen, J.-L. (2014), "Knowledge management driven firm performance: the roles of business process capabilities and organizational learning", Journal of Knowledge Management, Vol. 18 No. 6, pp. 1141–1164. https://doi.org/10.1108/JKM-05-2014-0192.

Xi, M., Chen, Y. & Zhao, S. The Role of employees' perceptions of HPWS in the HPWS-performance relationship: A multilevel perspective. Asia Pac J Manag 38, 1113–1138 (2021). https://doi.org/10.1007/s10490-019-09694-w.

Yang, L., Holtz, D., Jaffe, S. et al. The effects of remote work on collaboration among information workers. Nat Hum Behav 6, 43–54 (2022). https://doi.org/10.1038/s41562-021-01196-4.